« RÉPONSES »

Collection créée par Joëlle de Graveleine
dirigée par Claire Le Ho-Devianne

DU MÊME AUTEUR

Comportement du chat et ses troubles, avec Jean-Paul Chaurand et Jean-François Larue, Le Point Vétérinaire, 1993 (2e édition, 1995)

Comportement du chat : biologie et clinique, Le Point Vétérinaire, 2003 et 2012

Mon chat sur le divan, Larousse, 2014

Ce chat qui a changé ma vie, Larousse, 2015

« Entre espièglerie et sagesse, vivre en bonne intelligence avec les chats », dans Yolaine de La Bigne (dir.), *Les Secrets de l'intelligence animale*, Larousse, 2018

Soyez CHAT !, Larousse, 2018

Docteur vétérinaire

ANNE-CLAIRE GAGNON

LES CHATS, COMMENT ILS PRENNENT SOIN DE NOTRE SANTÉ !

5.06.2020 ainsi que de celles des soignants, partageant leur grain de folie avec leurs psy !

Bien à vous,

Robert Laffont

Ouvrage publié avec la collaboration
de Marie-Pierre Garro

ISBN 978-2-221-23873-8
Dépôt légal : mai 2020

À mon fils et à nos chats,
dont l'amour espiègle et la sagesse désarmante
sont un pur bonheur.

Introduction

Il y a chez les chats un mélange de tendresse, d'énergie, de douceur, de souplesse, de force de caractère, d'insouciance et d'abandon fascinant les uns, irritant les autres, ne laissant personne indifférent.

Certains d'entre nous les reconnaissent comme de véritables amis, alors qu'ils sont encore (ou à nouveau, malheureusement) considérés parfois comme de la vermine par d'autres. Ainsi vont les modes et les humeurs des humains, lesquels, cependant, depuis plus de dix mille ans, doivent beaucoup aux chats : ils ont protégé leurs greniers, leurs moissons et récoltes à venir et, aujourd'hui, ils contribuent à rendre leur quotidien plus sécurisé et à améliorer leur santé.

En effet, les économies de frais de santé dont les chats font bénéficier leurs compagnons humains profitent à la communauté tout entière : moins 11 % de consultations chez le généraliste, voilà un véritable atout. Ils contribuent ainsi, pour celles et ceux qui vivent à leurs côtés, à l'équilibre de leur pression artérielle, au bon fonctionnement de leur cœur ou encore à la diminution de l'isolement social. Autant d'effets et d'autres validés par des études scientifiques solides, parfois insolites (notamment quand les encouragements de votre chat s'avèrent plus efficaces que ceux de votre conjoint pour réussir des épreuves cognitives !).

Associés à des publications scientifiques majeures et à des prix Nobel dans le domaine médical depuis plus de cent ans, même si ce n'est pas toujours mentionné dans le titre des articles (tant leur cerveau est considéré comme le jumeau du nôtre, en miroir), les chats font aujourd'hui l'objet de recherches spécifiques en éthologie et sciences cognitives. Les chats sont partout dans la vie de chacun – même de ceux qui ne les cotoient pas au quotidien –, tant ils ont contribué depuis plus d'un siècle aux avancées scientifiques de nombreux domaines : les neurosciences et la psychiatrie, mais aussi les prothèses auditives ou notre compréhension de la plasticité cérébrale et neuronale. Ce sont leurs yeux qui ont inspiré le Catseye® qui vous signale les virages dangereux la nuit. C'est pour mieux comprendre les mouvements des chats qu'est née, par exemple, la chronophotographie, l'ancêtre du cinéma.

Ce livre souhaite faire mieux connaître les chats, pour mieux les comprendre, à la lumière de publications scientifiques et de témoignages, mieux réaliser pleinement ce que nous leur devons en termes de santé (souvent sans le savoir) pour nous permettre, en toute conscience de notre interdépendance, de leur dire, de tout cœur : « Merci les chats ! »

Anne-Claire Gagnon

1.

Qui sont les chats ?

« Tout au long de notre vie, les animaux nous aident à penser, à rêver ou à aimer. »

Georges Chapouthier, neurobiologiste

« C'est un sujet merveilleusement vain, divers et ondoyant [...]. Il est malaisé d'y fonder jugement constant et uniforme. » Ce qu'écrit Montaigne au sujet des êtres humains s'applique parfaitement aux chats, eux qui ne sont jamais là où on les attend, et se jouent des « toujours » autant que des « jamais ».

Avec les chats, chaque histoire est particulière et façonne chaque individu pour en faire un être singulier. Trouvés dans une poubelle, apprivoisés au fond du jardin, adoptés dans un refuge où ils sont quasiment nés sous X, sans papier ni histoire, achetés auprès d'un éleveur attentif qui les a choyés jusqu'à leurs trois mois, ou grâce à une petite annonce auprès d'un particulier peu scrupuleux, donnés par un ami qui vous a gardé avec amour un chaton de sa mère chatte, vus sur Facebook et biberonnés avec amour, les chats ont une petite enfance qui est un vrai catalogue du bonheur, du chaos et de la résilience du genre félin pour arriver jusqu'à un humain qu'il espère de bonne compagnie. Vouloir ensuite déduire statistiquement des effets auprès d'un humain de la présence de chats aussi différents tient finalement du miracle. De toutes les études qui leur sont consacrées aujourd'hui, celles qui s'intéressent à l'aspect qualitatif sont finalement presque plus riches d'enseignement que celles, passionnantes, qui alignent des cohortes impressionnantes, sans toujours pouvoir démêler ce qui relève de la causalité de ce qui n'est qu'une simple corrélation. À vouloir comprendre, l'humain se révèle aussi curieux que les chats. Observer et comprendre, c'est bien. Mais admettre parfois tout simplement ce que l'on constate est la preuve d'une grande sagesse.

Si les chats ne nous laissent pas indifférents, c'est sans doute parce qu'ils sont très souvent dotés d'un fort tempérament tout en étant d'une discrétion sur leurs émotions les plus subtiles, qui aiguise la curiosité de celles et ceux qui partagent leur vie.

De sacrés caractères

Les notions mêmes de personnalité et de tempérament ont été validées chez le chat en 1986 par une équipe britannique[1], même si tout amateur sait qu'un persan n'a généralement pas le même style comportemental qu'un siamois, par exemple. Le tempérament caractérise les différences comportementales individuelles qui s'expriment précocement, alors que la personnalité désigne les caractéristiques comportementales qui se forgent au cours de la vie, selon l'environnement. Cela explique qu'un chat change de personnalité et de style comportemental avec l'âge, selon les personnes qu'il rencontre, les expériences qu'il fait, les maladies ou les incidents qu'il peut avoir à surmonter.

C'est le cas de Viking, imposant *warrior* de 8 kg, qui, à 14 ans, a surmonté son hyperthyroïdie et a perdu, en même temps que quelques kilos superflus, sa réactivité, qui le rendait très susceptible, et même jaloux des autres chats avec lesquels il vivait. Il s'est ainsi révélé, sur le tard, être un grand sentimental, presque tyrannique, heureux de ne commencer à manger, par exemple, que sous le regard, et à proximité, de sa maîtresse.

Prédire le futur caractère d'un chaton n'est pas facile, mais les chercheurs[2] ont identifié (comme les éleveurs, d'ailleurs) des différences très nettes de motricité et de tempérament entre les chatons, dès les premières semaines de vie. Ils ont également constaté que la familiarité avec l'humain est un trait de caractère transmis génétiquement par le père[3].

Julie Feaver[4], éthologue britannique, a décrit en 1986, à partir de dix-huit traits de comportements identifiés, trois grands styles comportementaux : le chat équilibré (*equal*, qui répond aux interactions), le chat sociable (proactif, cherchant le contact, les caresses), et le chat méfiant (*alert*, timide, voire peureux).

Réutilisés en 2017 comme grille d'enquête[5] auprès de propriétaires américains, ces dix-huit traits de caractère ont permis de dégager cette fois cinq styles comportementaux : le chat social, le chat actif, le chat non social avec l'être humain, le chat agressif envers l'être humain et le chat intense (très vocal et vorace). Les habitudes de vie (alimentation *ad libitum*, en libre-service ou lors de repas, accès à l'extérieur ou non, présence d'autres chats, durée depuis laquelle le chat vit avec son maître) sont corrélées à ces styles, notamment l'intense avec une alimentation en repas, l'agressif envers l'être humain avec un historique de chats des rues vivant en collectivité.

Race et caractère

Pour chaque race féline, les tempéraments et les styles comportementaux sont bien connus des éleveurs et permettent à chacun de trouver le chat qui lui convient. C'est une fédération, créée en 1996, agréée par le ministère de l'Agriculture français, le LOOF ou *Livre officiel des origines félines*[6], qui tient le registre généalogique des chats nés en France et émet leurs pedigrees. Le LOOF a classé les chats en trois catégories : démonstratifs, sentimentaux et paisibles. Il existe aussi les bavards impénitents, comme le siamois et l'oriental, les facétieux, voire clowns, comme le sphynx, le rex devon et le cornish, les actifs, comme le bengal, les tempérés, comme le chartreux, le maine coon, le ragdoll, le skogatt, ces trois dernières races étant particulièrement amicales avec les étrangers.

Malgré toutes ces classifications, les éleveurs savent qu'au sein d'une même portée deux chatons ne deviendront jamais deux adultes au caractère similaire, chacun aura sa personnalité. C'est ce qui fait le charme des chats ! Avec les chats de type européen, c'est même la pochette-surprise en matière de caractère, avec une inépuisable fantaisie de profils.

Des personnalités étonnantes et attachantes

Pleinement sentients

Les scientifiques ont mis longtemps à reconnaître ce que tout propriétaire – pardon, tout parent ou tout maître (si tant est qu'on puisse maîtriser un chat !) – sait : les chats sont doués de sentience (« ... capacité à ressentir les émotions, la douleur, le bien-être, etc. et à percevoir de façon subjective son environnement et ses expériences de vie[7] »). Comme tout être sentient, ils sont bien sûr sensibles à la douleur, qu'ils détestent en l'exprimant de façon plus subtile que les chiens, sans vocaliser aussi souvent qu'eux, en adoptant une position de retrait sur eux-mêmes, muscles contractés, voire en se cachant complètement.

Ils apprécient le bien-être qu'ils recherchent avec certainement plus d'intensité que la moyenne des humains. Les chats sont des hédonistes par nature, qui savent profiter de chaque rayon de soleil, de chaque instant de bonheur, « discipline dans laquelle ils sont professeurs », comme le dit joliment Jean-Pierre Marguénaud[8], professeur agrégé de droit et spécialiste de droit animalier, en parlant de son chat Ellington.

En ce qui concerne la mémoire, chacun sait que chat échaudé craint l'eau froide, et qu'une seule mauvaise expérience peut marquer un chat à vie. Les chats observent tout, se souviennent de tout et reformatent chaque jour leur disque dur en fonction de leurs expériences, ce qui leur a plu autant que ce qui leur a été désagréable. En bons survivalistes, capables d'autonomie complète, ils privilégient tout ce qui leur permet d'être en paix, sans risque de frayeur ni de menace.

En matière de subjectivité, les chats sont souvent considérés comme des pessimistes, incapables de voir le verre à moitié plein, lorsque nous les conduisons en vacances ou chez le vétérinaire, par exemple. Ils ont l'art de voir et de mémoriser le moindre problème. Pis parfois, ils ne partagent pas nos élans pour certains humains de notre entourage (conjoints, amis, etc.) et leurs compagnons à quatre pattes, car leurs critères n'appartiennent qu'à eux, tout étant affaire d'angle !

Les familiers des chats, particulièrement les femmes et les vétérinaires[9], reconnaissent mieux que d'autres les émotions qu'expriment les chats. Comme nous, ils ressentent la colère, la détresse, la joie, la peur, la surprise, le dégoût, l'anxiété, la frustration, l'intérêt, l'excitation et l'amour, que Darwin considérait comme une émotion. Seule une maman chatte aime ses petits avec autant d'abnégation les premières semaines, les cachant souvent pour les protéger et ne les quittant que brièvement.

Selon le neurobiologiste américain Jan Panksepp[10], les émotions affectives s'articulent chez les mammifères autour de trois systèmes, la peur, l'élan (impulsion) et la colère. L'émotion est un état interne individuel, certaines choses ou personnes pouvant susciter une émotion chez un chat et pas chez un autre. Si les chats ne verbalisent pas leurs émotions, ils les expriment parfois vocalement et physiquement, de façon universelle, en frisant la caricature, ce qui contraste avec leur retenue habituelle. Ainsi le « gros dos » du chat est-il compris à la fois comme le signe d'une peur bleue, et comme une stratégie de défense !

Car le chat est avant tout, en matière de défense, un bluffeur, prêt à la guerre pour avoir la paix. À la fois proie et prédateur, il se prépare toujours au pire (soit en se faisant plus gros qu'il n'est, soit en se ramassant sur lui-même, position qui n'offre pas de prise à la patte ou à la griffe) et n'agresse que s'il est poussé dans ses retranchements, après avoir montré ses armes blanches, griffes et dents, faisant office de sommations. À l'exception des postures caricaturales du chat au pelage hérissé, les attitudes des chats sont souvent beaucoup moins facilement lisibles par les non-initiés que celles des humains ou des chiens, ce qui peut faire penser qu'ils sont mystérieux et parfois fourbes. En fait, les chats se protègent – vrais princes du camouflage[11] à nos yeux d'humains – pour ne pas trahir une douleur ou une faiblesse qui les rendraient plus vulnérables face à un prédateur. Lorsqu'il est heureux et dans un environnement où il n'a rien à craindre, le chat peut s'autoriser à exprimer ses émotions, à se laisser aller de la sérénité quasi contemplative à l'extase souvent désarmante.

Apprendre à lire les chats à visage ouvert

L'éthologue[12] allemand Paul Leyhausen a été le premier, en 1979, à publier un ouvrage dans lequel il présentait les visages et attitudes des émotions chez le chat, décrites en fonction du comportement et de l'intention (défensive/agressive, par exemple). Grâce aux techniques numériques, des scientifiques britanniques[13] ont pu établir en 2017 un Facial Action Coding System (CatFACS), comme pour les humains[14], qui permet de mieux comprendre ce qui se joue subtilement au niveau de leur visage en termes d'émotions, quand ils sont en bonne santé, en dehors de tout contexte lié à une douleur.

Sans avoir nos rides et nos mimiques, les chats possèdent une riche musculature (dix-neuf muscles pour les oreilles permettant à chacune d'elle de bouger indépendamment l'une de l'autre, quinze pour le nez, etc.) qui exprime de multiples émotions se succèdant si rapidement qu'elles sont difficiles à capter pour nos yeux d'humains.

L'analyse de deux cent soixante-quinze vidéos d'une dizaine de minutes sélectionnées au hasard dans des enregistrements réalisés en continu dans des refuges, lorsque les chats étaient seuls ou lors d'interactions positives avec les agents animaliers (conversation, caresses), a permis l'établissement du FACS du chat. Cette étude a révélé par exemple que les paupières mi-closes étaient un signe associé à la peur, tout comme le port de tête et le regard dirigés vers la gauche, contredisant ce qui était communément admis. En effet, le clignement lent des yeux d'un chat était jusqu'alors interprété comme un signe d'amitié, voire un sourire. C'est vrai lorsque le chat est détendu, mais le contexte est important à prendre en compte pour ne pas confondre un sourire paisible avec un sourire poli, signe d'inquiétude.

Le regard, comme le port de tête dirigé vers la droite, est quant à lui associé à une émotion de bien-être ou de bonheur. Et les vocalisations avec crachement, sifflement, ouverture de la gueule, plissement du nez, et même de discrets mouvements de la langue vers les commissures des lèvres, indiquent, à des degrés divers, la colère, l'agacement ou l'inconfort. Ce petit mouvement de la langue passée rapidement sur les lèvres fait d'ailleurs penser à celui des menteurs qui, lors d'interrogatoire ou à la télévision, se trahissent par leur langage corporel.

Chez le chat, la frontière entre l'expression d'un mal-être et la douleur est très mince. La douleur est souvent à l'origine d'émotions (et de réactions) fortes ayant également fait l'objet de grilles d'évaluation, pour permettre, comme chez l'enfant ou les personnes âgées ayant perdu l'usage de la parole, de la reconnaître et de noter son intensité. Comme pour nous, la douleur n'est pas bonne conseillère chez les chats, qui peuvent mordre lorsqu'ils souffrent de douleurs dentaires, d'arthrose, etc. L'absence de tension musculaire traduit, quant à elle, la détente et le bonheur, lorsque le chat dort dans un lieu qu'il apprécie, à côté de quelqu'un qu'il aime. Enfin, l'élan et l'enthousiasme s'admirent dans la curiosité qui pousse un chat à explorer un simple carton, à jouer avec une pelote de laine ou avec vos aiguilles à tricoter, ou encore dans ses mouvements lorsqu'il se met en embuscade pour attraper un oiseau ou… vos chevilles !

Le chat est souvent victime de conflits internes qui le conduisent à la frustration, quand deux émotions contradictoires, comme l'envie de sortir associée au triste constat sur le pas de la porte que la météo est pluvieuse, surgissent en même temps. Vous pouvez alors observer le visage du chat prêt à sortir, son corps arrêté dans son élan, et sa queue qui bat la mesure mieux qu'un métronome, indiquant à quel point il est contrarié.

La sentience et l'intelligence du chat sont particulièrement bien servies par cinq sens remarquables, qu'il utilise en liaison avec son cerveau et qui lui confèrent une intelligence pratique tout à fait singulière.

Une vision de lynx

Comme tous les félidés, le chat a une remarquable capacité de détection des mouvements et des contrastes, avec une meilleure vision de loin que de près. Plus que les couleurs, c'est la luminosité qui a du sens pour lui. Sa vision est stéréoscopique, donc elle lui permet de percevoir les reliefs, notamment s'il marche sur un terrain accidenté.

Il voit bien le bleu et le vert qu'il distingue mal du rouge, pour lequel il n'a pas de photorécepteurs de la bonne longueur d'onde. L'atout majeur du chat repose sur sa vision nocturne, facilitée par la particularité de son *tapetum lucidum* : cette structure au niveau de la choroïde – la membrane qui se trouve sous sa rétine – réfléchit les signaux lumineux la nuit et lui permet de voir avec six fois moins de luminosité qu'il ne nous en faut. La nuit, il regarde toujours largement en avant, à 75 à 80 cm de distance, pour identifier d'éventuels obstacles[15].

Doté d'une vision binoculaire (il utilise ses deux yeux simultanément comme nous !), le chat dispose d'un champ panoramique de 200 à 280° avec la capacité d'attention du véritable prédateur, capable de mobiliser tous ses sens pour détecter une proie, qui est pourvue d'une excellente vision périphérique. L'important rayon de courbure de la cornée et la position légèrement plus frontale de l'œil du chat, comparé au nôtre, lui donnent une vision monoculaire plus large, responsable de son regard « de proie et de fauve[16] ». Rares et lents (deux fois par minute avec une durée moyenne de 3,6 ms, là où nous en effectuons en moyenne quatorze d'une durée de 1,9 ms[17]), les clignements de paupière des chats sont de même nature que ceux des prédateurs nocturnes, qui gardent l'œil grand ouvert, preuve d'une attention extrême.

Quand ils se savent regardés de près, à moins d'un mètre, les chats clignent plus fréquemment des yeux[18]. Pour protéger leur rétine d'une trop grande luminosité, leur pupille se contracte comme le diaphragme d'un appareil photo et, s'il le faut, les paupières restent mi-closes. En outre, le chat est pourvu d'un septième muscle (nous n'en avons que six) qui rétracte légèrement l'œil dans l'orbite lors du clignement d'œil. L'orientation des fentes palpébrales renseigne aussi sur leur niveau de bien-être ou de douleur.

L'effet pupille

Le fantôme, voire le spectre, de Lucifer semble coller à la peau des chats depuis bien longtemps, malgré, ou à cause, de leur beauté originale. Car, parmi nos animaux familiers, et bien avant que les iguanes ou serpents soient devenus pour certains de nouveaux animaux de compagnie, le chat est le seul dont la morphologie de la pupille peut être verticale. Le fait que les chats puissent regarder le soleil en face fascinait d'ailleurs les Égyptiens. Mais, pour certains d'entre nous, cette particularité anatomique pourrait expliquer leur inconfort à fréquenter les chats. Nos réactions à des pupilles verticales ou horizontales semblent solliciter la partie de notre cerveau la plus archaïque, réveillant ou non des peurs ancestrales. Une photo de serpent ou d'alligator suffit à s'en convaincre ! De nombreux diables, démons ou sorcières sont représentés avec des yeux aux pupilles verticales pour accentuer leur côté menaçant. Lord Voldemort dans *Harry Potter*, ou Sauron dans *Le Seigneur des anneaux*[19], en sont de bons exemples. Apaisez-vous ensuite en regardant une vache, dont les pupilles sont en forme d'amande, horizontales comme la ligne bleue de l'horizon ou celle de la mer. À l'opposé, quand deux amoureux se regardent les yeux dans les yeux, leurs pupilles sont parfaitement rondes et dilatées, ce qui traduit leur émotion tout en les rendant encore plus attirants l'un pour l'autre. Tout comme quand votre chat contemple avec gourmandise et convoitise une souris, une plume, un jouet, votre assiette ou la sienne ! Le chat réussit la prouesse de dilater ou de rétrécir son diamètre pupillaire jusqu'à cent trente-cinq fois (à titre de comparaison, trois cents pour le gecko ; nos yeux d'humains, quant à eux, ne peuvent aller au-delà de quinze fois).

La verticalité des pupilles est associée à l'activité du prédateur en embuscade, alors que l'horizontalité des pupilles est l'apanage des herbivores, balayant les champs et les pâtures du bout de leur museau[20]. L'humain, avec ses pupilles rondes, se situe donc à mi-distance entre les prédateurs et les herbivores, entre le chat et la vache, l'âne et le serpent.

Une ouïe de prix de conservatoire

Le spectre d'audition du chat s'étend de 45 Hz à 64 kHz, ce qui lui permet de détecter entre autres les souris et les autres petits rongeurs, qui utilisent les ultrasons pour communiquer. Le chat est également capable de localiser les sons à cinq degrés près. Il nous sert d'oreille-étalon depuis les années trente, car il est doté comme nous d'une remarquable intégration de sons par le cerveau, c'est-à-dire que son cerveau compile, analyse, mémorise et géolocalise tout.

Les mouvements symétriques des oreilles trahissent ses émotions (comme le diamètre de ses pupilles), alors qu'un mouvement d'une seule oreille indique qu'il localise un son. Chaque oreille est dotée de dix-neuf muscles lui permettant une rotation impressionnante. Les chatons comme les chats âgés peuvent être frappés de surdité. D'autres, en revanche, sont hypersensibles au bruit : mal ou non socialisés, timides ou peureux, ils sursautent à des bruits aussi anodins que celui de la chute d'un stylo-bille. C'est un indicateur de stress utile dans l'évaluation du niveau de bien-être du chat.

Les capacités auditives du chat sont donc excellentes et bien peu de choses lui échappent. Il est tout à fait capable d'identifier la voix de ses maîtres, et une maman chatte distingue parfaitement les cris de ses chatons de ceux d'une autre portée. Mieux, le chat n'utilise pas les mêmes parties de son cerveau selon la tonalité émotionnelle des bruits[21] : ronronnements et miaulements affectueux pour le cerveau gauche – celui des émotions positives –, feulements, grognements et aboiements pour le cerveau droit – celui des peurs viscérales et des signaux d'alarme.

Le ronronnement : une caractéristique unique

Le ronronnement[22] est un murmure qui peut être émis la gueule fermée et se traduit par une émission sonore continue (audible aussi bien pendant l'inspiration que l'expiration), ainsi que par une vibration laryngée. Son intensité dépend de l'état émotionnel du chat. Le ronronnement n'est pas un réflexe conditionné, même s'il est fréquemment émis en réponse à certaines stimulations, tactiles surtout, ou certaines situations (proximité de l'objet d'attachement : mère pour le chaton, propriétaire ou congénère pour le chat adulte). L'émission du ronronnement peut être considérée comme volontaire dans la mesure où

aucun facteur ne peut la déclencher de manière systématique.

« Ronronner et jouer sur les plateaux de cinéma

Nous avons neuf chats[23] pour les tournages ; ils sont tous issus d'un élevage de chats de cinéma (initié par mon père, qui les sélectionnait en fonction de leur caractère). Ainsi, chez nous, les chattes se transmettent le rôle de Pomponette depuis des générations.

Le réalisateur dit : « Moteur ! » Mais est-ce aussi simple de faire ronronner sur les plateaux ?

Pour obtenir des ronronnements de nos chats au moment où le réalisateur le veut, il faut beaucoup de patience et de silence. Donc tout le monde s'y met, c'est un vrai travail d'équipe, avec deux maîtres-mots : silence et caresses au chat. Ceux qui seront d'un tempérament sociable à n'importe quel endroit (y compris ceux qu'ils ne connaissent pas), qui seront en confiance, auront de véritables dispositions de ronronneur, que nous sollicitons uniquement par les caresses et la nourriture. Ici, pas de clicker. Nous travaillons avec la voix, le jeu, la nourriture et toujours les caresses… Les chats répètent juste avant de tourner, deux secondes, et souvent nous filmons la répétition ! Avec eux, c'est toujours la même chose, mais lorsqu'ils ont décidé que c'était fini, *c'est fini et irrévocable* ! Il faut recommencer le lendemain ou quelques heures après la sieste ! On ne fait pas toujours ce que l'on veut avec un chat et il faut adapter le planning en fonction de son comportement, c'est pour cela qu'il faut connaître son chat et prévenir l'assistant mise en scène de ce qui peut arriver.

Chaque chat a-t-il un répertoire spécifique, un style comportemental ?

Oui, certains sont calmes ou vifs, nous nous adapterons à eux. Mais nous avons des chats « complets », comme les galettes ! Certains sont capables de tout et sont surprenants, mais ils sont rares… Sur le tournage d'*Histoires de chats*, où les scènes de confrontation sont impressionnantes, nous avons sélectionné les chats en fonction de leur caractère.

Avez-vous eu quelques grands sentimentaux qui se faisaient prier sur les plateaux ?

Oui, lorsque le chat est peureux, il ne voudra absolument pas coopérer ou, au contraire, s'il est parfaitement à l'aise, il ne voudra que des caresses, se frotter, visiter, découvrir… et il faudra alors le canaliser sur son rôle par le jeu, la nourriture ou les caresses. Je me souviens, sur le plateau de *La Femme du boulanger*, avec Michel Galabru, en 1985, où Rosée, qui jouait Pomponette, refusa une seule fois de jouer, lors d'une répétition. Ma mère suggéra au metteur en scène, Jérôme Savary, que c'était peut-être par manque de public. Il battit le rappel de toute l'équipe et des techniciens, qui vinrent en salle et… Mlle Rosée fit son entrée et sa répétition comme elle le devait ! Une de ses descendantes de la quatrième génération, Barbara, a repris le rôle en 2012-2013, toujours avec Michel Galabru, au théâtre et en tournée. Les trois seuls soirs où Mlle Barbara n'est pas allée boire à sa gamelle, mais s'est frottée sur scène sur le dos, c'est lorsqu'elle était en chaleur ! Et à la fin de la pièce au moment du salut, le comédien lâchait le chien Souffrance (Bill de son vrai nom), qui venait directement retrouver Barbara à la gamelle de lait ! Je n'avais plus rien à faire, ces deux-là faisaient la paire !

Témoignage de Frédérique Flaesch,
conseillère animalier[24].

Depuis la nuit des temps, le ronronnement fait partie du mystère consubstantiel aux chats. C'est vers 1856, avec les travaux du vétérinaire français Gabriel Colin[25], que les physiologistes ont commencé à s'y intéresser. Le chat possédant de vraies et de fausses cordes vocales (supérieures, en fait), on a d'abord pensé que les fausses cordes vocales produisaient le ronronnement. Il a fallu attendre 1957 pour que d'autres vétérinaires se penchent à nouveau sur ce phénomène : un Allemand, Lothar Hussel émet l'hypothèse[26] d'une contraction myo-élastique des muscles laryngés. William McCuistion[27] évoque quant à lui une cause hémodynamique : le ronronnement prendrait son origine dans la veine cave caudale, juste avant son passage dans le diaphragme. Il se produirait chaque fois qu'il y aurait une élévation du débit sanguin, due à une émotion ou à toute autre cause. En 1969, Bernard Denis, vétérinaire français, reprend les hypothèses de McCuistion, mais démontre que le ronronnement « procède d'un phénomène aérodynamique et non hémodynamique[28] ». Il confirme le rôle des muscles laryngés dans la production du ronronnement.

En 1972, le mystère est enfin percé, grâce aux travaux de J.-E. Remmers et H. Gautier : « Le ronronnement résulte de l'activation intermittente laryngée intrinsèque, qui se manifeste par des séries de bouffées électromyographiques, très régulières et stéréotypées, intervenant vingt à trente fois par seconde. Chaque bouffée provoque la fermeture de la glotte et le développement d'une pression transglottique, laquelle, se dissipant au moment où la glotte s'ouvre, engendre alors le son. Pendant l'inspiration, on observe aussi des décharges diaphragmatiques, asynchrones des décharges laryngées. Cette activation alternée des deux musculatures sert à limiter les contrecoups négatifs de la pression trachéale et favorise le flux inspiratoire pendant la période de résistance glottique minimale[29]. » L'hypothèse d'un centre neurologique du ronronnement reste cependant très improbable.

Si l'on sait comment le ronronnement se produit, les motivations de son émission ne sont pas encore clairement mises au jour. Les mystères du chat demeurent ! Production sonore émise par le chaton quand sa mère prend soin de lui, elle persiste à l'âge adulte presque seulement à l'intention de son humain de compagnie. Le ronronnement est un son multifacette, caméléon qui traduit une émotion forte et, selon les circonstances, peut nous dire « Merci », quand nous sortons le steak haché et l'émiettons dans l'assiette de notre chat, « Ne te tracasse pas, je suis à tes côtés », quand nous avons un gros chagrin, « Chic, tu es rentré », à notre retour à la maison, ou encore « Fais de beaux rêves » quand le ronron de notre chat nous berce et nous endort le soir. Mais n'oublions pas également que lorsqu'un chat est lui-même au plus mal, en ronronnant il veut nous dire « Prends soin de moi », « Fais au mieux »...

Seul recours pour en savoir plus : l'observer, le traquer pour comprendre ce qui déclenche le ronronnement. À vos carnets et souris, notez quand, comment, à quelle fréquence et à quelle intensité votre chat ronronne ! Certains constats ont déjà pu être faits : le chat par exemple, ronronne plus longtemps après un long moment de séparation (supérieur à quatre heures) qu'après une courte absence[30]. Ce qui suggère que le ronronnement peut être un comportement d'accueil, fort sympathique et universellement intelligible.

Il y a des chats ronronneurs et d'autres qui ne le sont pas, des chats qui mettront plus de dix ans avant de s'autoriser à ronronner alors que d'autres seront de véritables locomotives. En fait, certains ronronnent très discrètement, et il faut poser délicatement la main ou la pulpe d'un doigt sur leur gorge pour percevoir les vibrations émises par un ronronnement imperceptible pour nous. L'intensité est donc variable (de quelques décibels à plus de cinquante, voire quatre-vingts), la fréquence d'émission étant relativement stable pour tous les chats, aux alentours de 25 Hz (entre 20 et 50 Hz, voire bien au-delà selon les auteurs[31]).

Donc continuons à bénéficier du plaisir de partager des moments de grâce avec nos chats, sans chercher à tout en comprendre ni à en attendre de miracles thérapeutiques.

Ronronnement salvateur

En 1973, un vétérinaire néo-zélandais a décrit dans un journal scientifique vétérinaire[32] l'observation clinique qu'il avait faite lors de l'hospitalisation d'un siamois de 6 ans, gravement atteint d'une infection pulmonaire : malgré les traitements adéquats (aérosolthérapie et antibiothérapie), la détresse respiratoire du chat s'amplifiait et son état général se détériorait au point que l'euthanasie fut envisagée. L'assistante, en prenant le chat dans sa cage pour changer son alèse, l'entendit alors se mettre à ronronner et à respirer sans gêne. Elle posa le chat à nouveau dans sa cage propre, mais le chat cessa de ronronner et se mit à nouveau à respirer avec difficulté. Les deux filles du vétérinaire furent mises à contribution le restant de la journée pour prendre le chat dans les bras, le faire ronronner, à raison de trente minutes par heure. L'amélioration clinique fut spectaculaire au point que le chat commença à manger à nouveau le lendemain et qu'il finit par se rétablir complètement.

Les chats qui ont des difficultés respiratoires ronronnent à cause de la douleur, de l'inconfort et de la détresse dans lesquels les place cette situation clinique d'avoir le souffle court et coupé. Le ronronnement leur permet alors de respirer d'une façon tout à fait minimale, donc de s'économiser. Ce siamois a donc ronronné pour sa survie : il exprimait, ici, une émotion particulièrement désagréable et une forme d'appel au secours à son entourage.

Ronron-thérapie

« Ronron-thérapie » est un terme qui a émergé dans la presse française dans les années deux mille[33] et s'est répandu rapidement : les journalistes décrivaient les bienfaits du ronronnement chez l'humain. Le vétérinaire toulousain Jean-Yves Gauchet a proposé à des volontaires, en 2002, d'écouter et évaluer des ronronnements, sur un CD, qu'il a ensuite commercialisé.

Un autre rôle bénéfique du ronronnement sur l'être humain serait que les vibrations qu'il émet pourraient augmenter la vitesse de cicatrisation des fractures osseuses. L'enregistrement du ronronnement ne serait pas suffisant, la présence du chat serait nécessaire. Les sons diffusent, certes, par la voie osseuse mais malheureusement, en l'état actuel de la science, nous n'avons aucune preuve qui confirme cette hypothèse, pourtant reprise et développée par de nombreux journalistes.

Un linguiste suédois, Robert Eklund[34], s'est intéressé au ronronnement et aux autres productions sonores des chats, au point de développer un site internet et de lancer des recherches pour tenter d'interpréter les différentes tonalités et de comprendre le langage félin... pour pouvoir parler couramment « chat », avec une application électronique ! Il a publié un seul article scientifique, qui compare les vocalises de quatre chats.

Vocalises et miaulements

En 1989, Jean-Luc Renck a consacré plusieurs années de son travail de doctorat à l'université de Neuchâtel en Suisse à l'étude des miaulements pour identifier les différentes fréquences d'émission. Ce fut, grâce aux moyens techniques de l'époque, une belle avancée qui a révélé l'existence de dix-neuf vocalises différentes et établi le sonogramme de chacune[35].

En 2009, une équipe britannique[36] a montré une similarité entre le ronronnement et les pleurs des bébés. Les ronronnements de dix chats ont été enregistrés en situation de sollicitation ou neutre, puis diffusés à cinquante personnes, propriétaires eux-mêmes de chats ou pas (ces derniers étant un peu moins habiles à reconnaître le caractère sollicitation/non-sollicitation). Les participants ont tous noté l'urgence de répondre à la sollicitation du chat ou non, en fonction de la présence d'une séquence particulière, qui a été identifiée par les chercheurs. Une partie de fréquences similaires à des pleurs de bébé (en moyenne à 380 Hz) était incluse dans une séquence de ronronnement à basse fréquence (27 Hz), contribuant selon les auteurs à rendre particulièrement convaincant et craquant le chat qui ronronne, lequel obtenait donc de cette façon et l'attention de son interlocuteur et ce qu'il voulait.

Une chose est certaine, concernant le ronronnement du chat : il berce, à la fois le chat et son entourage. Faut-il donc complètement s'interdire, faute de démonstration scientifique, tout plaisir de se mettre en résonance avec le ronronnement de son chat ? Certainement pas ! D'autant que les progrès en physique quantique et en médecine quantique dans la connaissance des ondes scalaires[37] de même que l'existence de tant d'autres éléments qui nous dépassent encore, fournissent des pistes de recherche intéressantes. Mais, à ce jour, aucune équipe de recherche, par exemple, n'a de temps à consacrer à l'étude comparée de l'activité cérébrale des personnes qui pratiquent la méditation de pleine conscience à celle des cerveaux des propriétaires de chats, ronronnant d'aise, de conserve avec leurs compagnons. Cette étude serait pourtant très intéressante, car le ronronnement est une façon de nous rappeler que nous faisons partie du vivant !

Un toucher de velours

Chaque coussinet plantaire du chat est doté de nombreux récepteurs nerveux et d'une riche vascularisation sanguine, avec des capteurs qui le renseignent rapidement sur la nature du terrain sur lequel il s'engage (même s'ils ne lui évitent pas des brûlures avec certaines plaques de cuisson). Si la texture est douce sous ses pattes, il profite de ce plaisir en pétrissant ou « patounant », comme il le faisait, chaton, sur la mamelle qu'il avait choisie pour téter. Outre les coussinets, chaque patte antérieure est dotée d'une petite touffe de vibrisses, juste au-dessus de l'articulation du carpe, en arrière, qui a une fonction dans l'équilibre.

Grâce à ses moustaches, le chat n'a pas besoin de toucher les objets pour en avoir une perception fine.

Aussi appelées vibrisses, les moustaches sont des poils d'une nature particulière, d'un diamètre plus important que ceux du pelage, reposant sur un sinus sanguin (une petite poche de sang qui fait bouger la base de la vibrisse comme un culbuto) richement innervé, et commandés par une musculature volontaire. Cette disposition physiologique permet aux moustaches disposées en quatre rangées de part et d'autre du nez de suivre les émotions du chat et surtout les commandes de son cerveau.

Les moustaches du chat, en alerte ou en embuscade, s'arrondissent en un bel arc de cercle devant sa truffe pour cerner au mieux l'objet de sa curiosité ou de sa gourmandise. Lors d'un bâillement, les moustaches suivent le mouvement des muscles et viennent s'arrondir de même. En cas d'inquiétude, de menace, voire d'attaque, les moustaches se plaquent prudemment sur les joues. Lorsque le chat sent une odeur qui déclenche un comportement de reniflage particulier – le « flehmen » (voir ci-dessous) –, les moustaches se dressent à l'horizontale, les narines sont dilatées, les paupières mi-closes. Les vibrisses se renouvellent beaucoup moins rapidement que les autres poils, mais l'on peut retrouver parfois quelques moustaches là où le chat dort.

Chaque poil du pelage est aussi richement innervé et fournit aux chats, partout où il passe, des informations sur son environnement. L'approche des objets lui permet d'avoir une perception de la distance qui l'en sépare, raison pour laquelle, la nuit, il sait éviter les obstacles.

Un odorat exceptionnel

Le chat est doté de soixante-sept millions de cellules olfactives (l'être humain en a vingt millions et le chien deux cents millions). De tous ses sens, l'odorat est celui qui est le plus développé et le plus signifiant pour lui. Quand le chat ne peut pas sentir quelqu'un, c'est souvent au sens le plus primaire, l'odeur qui l'incommode et lui monte à la tête, sans filtre, donnant lieu à des réactions incontrôlables et parfois foudroyantes.

Le chat est doté d'un organe de Jacobson – une petite excroissance tapissée de cellules olfactives, et située dans le conduit de communication entre le palais dur et l'ethmoïde –, qui permet un accès direct au cerveau pour des odeurs qui alarment, ou au contraire sont très plaisantes. Seules certaines odeurs déclenchent le

« flehmen » : l'odeur d'urine d'un de ses congénères non stérilisés, d'un lapin, celle du sang d'un autre chat, des molécules d'origine végétale comme la valériane[38], ou encore certaines odeurs corporelles humaines. Tous les félidés peuvent avoir ce comportement, ainsi que les équidés et d'autres mammifères comme la chèvre ou le taureau. Durant le « flehmen », le cerveau du chat se met presque en *default-mode*, il présente une diminution des ondes au niveau du bulbe olfactif et du cortex. Sniffer mérite un temps d'arrêt, qui se voit d'ailleurs sur le visage du chat, très absent l'espace d'un instant.

La langue au chat

Alexis Noël[39], ingénieur ingénieux, a consacré sa thèse de doctorat à l'étude de la structure de la langue des chats, composée de milliers de minuscules griffes, les papilles, dans lesquelles la salive fait office de démêlant, comme l'après-shampoing qui facilite le brossage. Pas étonnant qu'avec le cœur et la minutie que tous les chats mettent à se toiletter ils aient un pelage digne du brushing des meilleurs coiffeurs. Chaque papille est une structure incurvée, d'une flexibilité remarquable quand elle est en action, pour boire à la surface de l'eau ou pour entretenir la fourrure. Chaque papille transmet 0,014 µl de fluide, soit un total de 4,1 cl pour les deux cent quatre-vingt-dix papilles (environ 1/10 de larme). Mais au bout de la journée, ce sont 48 ml, soit l'équivalent d'une petite tasse à café, qui ont été utilisés pour tous les chats, sauf ceux qui sont âgés, malades ou souffrant de douleurs qui les empêchent de se toiletter autant que nécessaire, et sauf… les chats persans. Alexis Noël a observé au microscope que le pelage des persans a une densité qui freine la pénétration optimale des papilles de la langue du chat. Et c'est parce que les poils ne sont pas lubrifiés comme il le faudrait qu'ils cardent et font ce qu'on appelle des catons peu esthétiques[40] et désagréables pour le chat.

Funambules sans pareils qui savent souvent retomber sur leurs pattes

L'agilité et l'élégance des chats nous fascinent quand ils se déplacent tels des funambules sur une rambarde. Ils sont servis par une excellente perception de leur position spatiale, un poids léger, un corps musclé, des griffes d'une puissance remarquable, et par une capacité de retournement impressionnante lorsqu'ils tombent, même si elle n'est pas infaillible. Les photographies du chat lâché à l'envers, qui se retourne avec élégance pour toucher le sol sur ses quatre membres, sont mondialement connues[41]. Nous les devons à Étienne-Jules Marey, neurophysiologiste français, qui invente, en 1882, la chronophotographie et réalise à Paris, en 1894, la première succession de photographies prises rapidement (on ne parlait pas encore de film) pour montrer la façon dont le chat peut modifier sa position afin d'assurer sa réception au sol en toute sécurité.

Aux États-Unis, en 1887, le photographe professionnel Eadweard Muybridge prend de magnifiques images successives d'un chat courant et bondissant, en privilégiant l'esthétique de son modèle. Il inventera ainsi le zoopraxiscope, précurseur du cinématographe[42].

L'un comme l'autre, le scientifique et le photographe, en révélant au public la réalité des sauts et des courses (avec un temps suspendu, sans aucun appui au sol) des chevaux, chats et tigres, entre autres, modifieront totalement la représentation que les artistes peintres feront des animaux (ainsi que des danseuses, qui ont tant inspiré Edgar Degas). Ce cliché du chat qui retombe sur ses pattes a fait beaucoup de tort aux chats, en encourageant une croyance démentie par la réalité. Tous les chats ne retombent pas aussi bien sur leurs pattes : la hauteur de laquelle ils tombent est un paramètre capital pour que le chat ait le temps de se retourner : son dos arc-bouté fait office de parachute. Ses vibrisses, sur les carpes et les tempes, lui permettent de se géolocaliser et sa musculature de vriller sa colonne vertébrale pour l'aligner parallèlement au sol, les membres étant rassemblés et fléchis. En deçà d'un étage et demi et au-delà du sixième étage, les chutes provoquent souvent des traumatismes graves, raison pour laquelle les balcons et les fenêtres doivent être sécurisés par des filets.

Une cognition remarquable

Si l'intelligence des chats ne fait aucun doute pour celles et ceux qui les aiment, le démontrer et le dire publiquement a pris beaucoup de temps. Le chat a pourtant été fréquemment utilisé dans des études de psychologie en lieu et place de l'humain[43], mais ces animaux n'ont pas été crédités pour eux-mêmes ni pour leur espèce des performances cognitives qu'ils réalisaient. Les publications scientifiques et les livres de vulgarisation tentent aujourd'hui de combler ce retard.

La reconnaissance des compétences cognitives

En août 2017, le journal scientifique *Behavioural Processes*, une des bibles des chercheurs en comportement animal et humain, a consacré un numéro entier à la cognition du chat, « cognition » étant un terme que les scientifiques pensent pouvoir partager avec les animaux, en gardant pour eux le terme singulier d'intelligence... Une affaire de langage, sachant que de plus en plus de chercheurs, notamment en zoosémiotique (discipline qui étudie la communication animale à l'exception de celle des humains), voient dans les signes échangés par les animaux un véritable langage. Même si la référence dans certaines publications demeure le chien, auquel les chercheurs comme les journalistes veulent toujours le comparer, le chat a fait l'objet de publications qui démontrent plusieurs de ses capacités.

Les chats sont d'abord capables de discrimination en matière de quantités, en situation alimentaire, sachant choisir des bouchées et morceaux adaptés, sans prendre les plus gros ni l'assiette la plus remplie[44]. Ils sont bien sûr capables de discrimination qualitative, reconnaissant et préférant par exemple le steak haché comprenant 15 % de matières grasses à celui qui en comprend 5 %, moins adapté à leurs besoins. En bons carnivores stricts, ils choisissent des aliments conformes à ceux que leurs ancêtres consommaient, riches en protéines et lipides[45]. Enfin, ils savent discriminer, selon leurs propres critères (qui nous enseignent l'humilité !) l'intérêt ou non de répondre à nos sollicitations vocales et tactiles.

Ils savent aussi établir un lien de cause à effet (ce que l'on sait scientifiquement depuis 1898[46]), comme associer le bruit du sac de croquettes et le moment du repas, voire discerner des anomalies (quand on présente au chat une boîte fermée, contenant un objet, qui fait du bruit lorsqu'on l'agite, puis la même boîte, faisant le même bruit, mais qui n'a aucun objet à l'intérieur, le son provenant d'un capteur collé dans la boîte, le chat est intrigué et va vers la boîte anormale[47]). Il fait des déductions et il est en mesure de suivre un pointage du regard avec absence de distraction, contrairement aux chiens[48] : des bols (avec ou sans friandises) sont placés devant ou à côté du chercheur. Celui-ci indique d'un regard le bol avec la friandise au chat ou au chien qui est en face de lui. Le chat se dirige dans les deux cas vers le bol où est la friandise, que l'objet soit dans son champ de vision frontale ou à distance. Contrairement au chien, le chat n'est pas distrait par le fait qu'il a dans son champ visuel à la fois le chercheur et l'objet que celui-ci lui désigne du regard. Les chats restent bien focalisés sur l'objet !

Ils comprennent par un simple regard ou une phrase que nous, humains, leur portons attention[49]. Ils sont capables de distinguer la voix de leur maître[50] et de reconnaître leur prénom[51], même prononcé par un étranger. Si, lors d'un test, la voix de leur maître est un enregistrement, ils perçoivent que leur maître n'est pas là et ne se précipitent pas pour y répondre.

Les mères et les chatons savent se reconnaître[52] : les chatons identifient la voix de leur mère et réciproquement. La mère, comme beaucoup d'autres mammifères, reconnaît aussi l'odeur de ses petits, y compris à distance.

Une chatte est aussi à même de porter assistance à d'autres chatons[53] que les siens si elle perçoit les vocalises d'un chaton étranger en détresse : elle va immédiatement le chercher et le ramène pour le mettre en sécurité, faisant preuve d'empathie en action, donc de compassion.

Les chats sont également capables d'apprentissages sans pareils, qui s'effectuent, comme pour nous, tout au long de leur vie. Ils ont en outre une réelle facilité à être pleinement conscients de leurs faits et gestes dont nous pourrions nous inspirer. Dès le premier mois, ils apprennent en regardant leur mère résoudre des problèmes qu'elle planifie parfois elle-même comme quand elle leur rapporte une proie. On parle alors d'« apprentissage par vicariance » – apprentissage par observation d'un être auquel on est attaché (parent, congénère, humain) –, qui est remarquablement efficace et qui sera souvent reproduit avec son maître.

Dès le trente et unième jour de vie, le chaton acquiert la notion de permanence de l'objet[54] – la représentation qu'on se fait d'un objet qui nous a été montré, puis a été dissimulé en notre présence ou non – ce qui lui ouvre ultérieurement un stade de développement important : selon les paliers d'acquisition de Piaget, il se situe au niveau 5b, voire 6a du premier stade, le stade sensori-moteur[55]. Cette capacité, qui fait partie de l'intelligence sensori-motrice, est obtenue grâce aux activités de chasse ou de jeu, dans des situations d'embuscade. Le chaton anticipe l'apparition d'un objet, d'un congénère, ou l'apparition de la cheville de son maître et lui saute dessus. L'apprentissage, avec les expériences successives, permet de gagner rapidement en vitesse, notamment pour la chasse.

Dans la vie quotidienne, les chats savent très bien solliciter leur maître quand leur écuelle est vide, pour qu'un aliment mystérieusement disparu y réapparaisse ! Observateurs hors pair, doués d'une mémoire remarquable, ils enregistrent tout, au point de pouvoir prédire souvent ce que nous nous apprêtons à faire sans que nous en soyons conscients nous-mêmes. Ainsi le soir, souvent, ma chatte Angélique rejoint ma chambre en marquant un temps d'arrêt sur le palier, jamais à la même heure, mais toujours après qu'elle a entendu le délicat bruit de fermeture de l'écran de mon ordinateur (lequel se ferme pourtant également dans la journée, sans provoquer aucun mouvement de sa part). Les chats sont aussi capables d'apprendre des ordres, des tours et, désormais, pour le personnel des refuges comme pour les particuliers, il existe des formations d'éducation avec un clicker[56].

Névroses expérimentales et résilience

Dans le domaine de la psychologie, le chat a été le sujet de plusieurs expériences. On doit par exemple au psychiatre américain Jules Masserman d'avoir compris et exprimé la notion de motivation, déterminante dans toute conduite psychologique et sa réussite, qu'il avait parfaitement observée chez des chats soumis à rude épreuve. Il pensait qu'au-delà de la frustration, c'est un conflit entre deux réponses incompatibles qui est source de névrose. Il a également pu montrer qu'un seul épisode traumatique intense peut déclencher une névrose, à l'époque où la Seconde Guerre mondiale allait provoquer tant de stress, appelé depuis « post-traumatique ».

La réalisation systématique de films, avec une caméra filmant des chats de très près, a convaincu tous ses confrères psychiatres et les journalistes du fait que les chats pouvaient développer des névroses et des phobies, exprimer de l'anxiété, etc. Il a bien sûr cherché à guérir ses chats malades des névroses provoquées, en postulant que la gentillesse et les soins donnés par le technicien pouvaient apaiser l'anxiété et la phobie que les chats avaient développées (au même titre qu'un patient effectue un transfert avec le thérapeute lors de sa psychanalyse). Il avait même pensé à créer un groupe de thérapie féline, en faisant intervenir un chat en bonne santé mentale pour montrer au chat névrosé que la cage où il était hébergé ne comportait plus aucun danger pour lui. Ces groupes n'ont pas fonctionné aussi bien qu'il l'aurait voulu, mais il a pu guérir ses patients félins névrosés et montrer qu'en modifiant le milieu et l'idée qu'on se fait d'un problème (le conflit entre manger et avoir peur), les mécanismes psychiques peuvent conduire à la guérison, sans aucun conditionnement.

Un de ses confrères, Jules Eisenbud, a même salué ses études en concluant qu'il avait apporté la démonstration qu'« au fond, les chats étaient très humains ». Dans les années cinquante, Joseph Wolpe[57], psychothérapeute américain d'origine sud-africaine, a montré le premier – toujours grâce à une expérimentation sur des chats –, l'intérêt de la thérapie comportementale, qui permet leur désensibilisation par le contre-conditionnement. En plaçant graduellement des chats phobiques, lorsqu'ils mangeaient, en présence de ce qui les effraie, à faible dose, il faisait disparaître la réaction de peur, incompatible avec le fait de s'alimenter.

Hédonistes avant tout !

Même si les chats ont fait l'objet d'études en lieu et place des humains, ils ont donné du fil à retordre aux éthologues lors de l'étude de leur intelligence propre car, contrairement à nos amis les chiens, les chats n'en font qu'à leur tête et ils sont très sensibles à l'atmosphère et aux conditions environnementales. S'ils sont placés dans un milieu hostile, le stress les empêche de donner le meilleur d'eux-mêmes. Or la majorité des études éthologiques est souvent organisée sur le lieu de travail des chercheurs à l'université, loin des lieux de vie des chats et de leur zone de confort : délocalisés, les chats ne sont pas motivés. Même quand les expériences se font à domicile, donc chez les propriétaires, les horaires sont fixés par les humains, et le chat, passant plus de la moitié de son temps à dormir, n'apprécie pas toujours d'être dérangé pendant sa sieste pour faire des tests, surtout d'intelligence. Il n'a rien à se prouver, lui !

Autant les chiens sont prêts à tout pour faire plaisir aux humains, autant les chats se font plaisir d'abord avant, éventuellement, de condescendre à suivre notre programme. Ce sont ces notions dites d'écologie qui ont beaucoup retardé la réussite de protocoles par nature beaucoup moins faciles à concevoir, même s'ils ont été expressément conçus pour les chats.

Les chats aiment apprendre à réaliser le High five, lors de séances éducatives et récréatives avec le personnel des refuges, un nouveau geste qui leur permet de faire signe aux futurs adoptants et les aide à trouver une famille.

Au doigt et à l'œil !

On dit souvent des chiens qu'ils sont cabots et dignes de numéros de cirque, alors que les chats sont réputés pour ne pas accorder d'importance aux récompenses et, encore moins, aux ordres. Or, de plus en plus, en parlant mieux le langage des chats, en comprenant ce qui les motive – le jeu par excellence – on s'aperçoit que certains chats sont tout à fait capables, même à l'âge adulte, d'apprendre des tours comme le « High five ». C'est ce qu'ont prouvé cent chats américains[58] de refuge, qui ont suivi quinze jours de cours particuliers. Après cinq minutes d'entraînement deux fois par jour, matin et soir, soit soixante-quinze minutes en tout, 79 % d'entre eux ont appris à toucher une cible, 60 % à tourner en rond, 31 % à venir taper la patte contre la main, un comportement qui permet de mieux réussir leur future adoption et seulement 27 % ont consenti à s'asseoir sur ordre. Les chats timides ont été les moins performants. Des friandises préalablement validées par les chats (la majorité a préféré celles au thon !) ont été utilisées pour les apprentissages. C'est un petit plus à ajouter à la voix et au clicker. Alors demain, vous aussi, devenez le coach de votre chat !

Jusqu'où nous comprennent-ils ?

Au-delà des tests d'intelligence, les observations faites par les propriétaires de chats sont souvent beaucoup plus parlantes sur leurs capacités étonnantes. Ainsi Rupert Sheldrake[59], chercheur britannique qui a décrit les champs et la résonance morphiques (champ hypothétique qui contiendrait de l'énergie ou de l'information sans être constitué de matière), a interrogé pendant cinq ans des propriétaires d'animaux de compagnie, qui ont décrit des capacités psychiques de leurs chats à anticiper des événements ou établir un contact de type télépathie et ont relaté des anecdotes troublantes. Ainsi, une maman, en mai 1994, profite d'un moment de calme dans sa véranda, à côté de son chat persan, qui ronronne à ses côtés. Soudain, il sursaute, pousse un cri rauque totalement inhabituel et bondit jusqu'au salon, restant figé à regarder le téléphone… qui sonne quelques instants après, pour annoncer le grave accident dont vient d'être victime l'enfant de la maison, 11 ans, parti faire une balade à vélo.

Madeleine se souvient encore du chat de la maison, pendant la Seconde Guerre mondiale, dont sa mère disait qu'il entendait mieux arriver les avions qu'eux et avait une sirène d'avance. Et de fait, dès que Minou allait se planter devant la porte de la cave, on pouvait être certain que les sirènes sonnaient peu de temps après, avertissant des bombardements. Minou avait très vite appris à faire l'association d'idées sirène et avions et la nécessité de descendre à l'abri au plus vite.

Lorsque ma grand-mère est arrivée chez moi, pour ce que nous savions toutes les deux être la fin de sa vie, mes quatre chats ne lui ont démontré aucune attention particulière, tout en répondant à ses câlins. Mais, une semaine avant sa mort, Mimine, la plus âgée, 19 ans, a radicalement changé de comportement. C'est un moment que je ne peux pas oublier, car dans cet échange de regards entre Mimine et moi, nous avons su toutes les deux au même moment que Mamie n'avait plus que quelques jours à vivre. Combien ? Le médecin n'en avait aucune idée, et je me demande toujours si Mimine elle-même le savait. Mais, juste après ce regard, elle a grimpé sur les genoux de ma grand-mère (dont elle n'avait jamais été proche) et elle ne l'a plus quittée jusqu'à son dernier souffle. Elle a même voulu la veiller ensuite et la suivre jusqu'à sa dernière demeure, avec une étrange obstination[60].

Les chats comprennent aussi nos états d'âme, notamment nos chagrins. Leur façon d'être empathique peut nous surprendre néanmoins : ainsi, Pompom, une nuit où sa maîtresse s'était enfin endormie, après avoir pleuré toutes les larmes de son corps, a voulu, quelques heures plus tard, montrer sa solidarité en urinant bruyamment en plein milieu de l'édredon sous lequel elle dormait. Une manifestation qui n'a pas été comprise immédiatement par l'intéressée, réveillée en sursaut !

Les exemples sont multiples et l'empathie ne s'exprime pas forcément seulement entre un chat et son propriétaire. Cigale[61] errait depuis quelque temps dans les rues du centre-ville, où elle avait ses habitudes. Les restaurateurs la connaissaient, elle faisait partie du quartier et ils lui donnaient quelques restes, sans lui demander ses papiers. Un soir d'été, Harmonie, qui venait de perdre sa chatte la veille, morte d'une insuffisance rénale, dîne avec son ami à la terrasse d'un des restaurants. Quand Cigale arrive à sa hauteur, elle répond tout naturellement à son câlin par un autre, tant et si bien que Cigale se couche sous sa chaise, ce qui fait sourire Harmonie, qui commence son dîner le cœur un peu plus léger. Puis elle regarde si la chatte est toujours là. Mais s'aperçoit qu'elle n'est plus toute seule… car Cigale, sans un bruit, en toute discrétion, vient de commencer à mettre bas sous sa chaise ! Harmonie demande immédiatement au serveur un carton, dans lequel elle installe la maman et son premier chaton, les autres arrivant quelques heures plus tard, dans la maternité du refuge. Harmonie n'a pas fermé l'œil de la nuit, en pensant au joli clin d'œil de la providence et, dès le lendemain matin, elle est allée prendre des nouvelles de la réfugiée qu'elle avait fait accueillir en urgence. Et elle décide d'offrir son toit, son nom et toute son affection à cette SDF urbaine, qui l'a choisie au bon moment. Cigale avait trouvé le toit d'une chaise pour protéger ses petits, elle a maintenant, comme ses chatons, une véritable maison et une amie dévouée.

De fait, ces anecdotes et ces expériences individuelles sont délicates à documenter par des méthodes validées par la science actuelle. Déjà, en 1773, Franz-Anton Mesmer, médecin allemand, avait conçu la théorie du magnétisme animal, basée sur l'existence possible d'un fluide magnétique universel, pouvant être utilisé de façon thérapeutique. Cette théorie totalement décriée par ses collègues est pourtant devenue l'hypnose, désormais enseignée dans les facultés de médecine.

Les chats sont ma maison

Je ne peux pas concevoir une vie sans chats. Les chats font partie de mon équilibre vital. Ils sont ma maison, mon point d'ancrage, mon oxygène. Une maison sans chats, aussi belle soit elle, est une maison morte, angoissante, vide, sans intérêt. Les chats ont été, sont et seront toujours mon rayon de soleil. Partout où je vois un chat, je me sens bien, en confiance, je me sens chez moi. Enfant, j'ai souvent déménagé, mon chat me permettait de retrouver mes repères rapidement. La complicité avec mon chat était le seul lien qu'il m'importait de ne pas perdre. Les chats sont mon chez-moi. Un mot manque pour qualifier la relation développée avec un chat. C'est une osmose, une symbiose qui génère avec le temps respect et complicité.

On ne vit pas vingt-quatre heures sur vingt-quatre avec ses amis ou sa famille, et on ne les connaît jamais vraiment bien, alors qu'il est possible de vivre nuit et jour pendant de très longues périodes uniquement avec un chat : la relation qui en découle est tout à fait singulière, empreinte d'amour et de connivence.

Je crois que si je devais calculer le nombre d'heures passées depuis ma naissance avec des humains et le nombre d'heures passées seulement avec des chats, ces dernières seraient nettement plus nombreuses. J'ai passé des mois entiers, cloîtrée nuit et jour, à ne lire et écrire qu'en compagnie d'un chat. Une telle promiscuité sur la durée modifie beaucoup de choses dans la manière d'être : les chats vous formatent à leur mode de vie. Ils aiment le silence et en ont besoin. Ils nous apprennent à l'apprécier et à le comprendre. Il y a une entente secrète entre eux et nous. Comme eux, je fuis le bruit et l'agitation plus que tout. Les chats n'aiment pas les ordres. Comme eux, je fuis l'autoritarisme et méprise les personnes autoritaires. Comme eux, le mal qu'on me fait est gravé dans le marbre. On ne passe pas autant de temps avec une espèce et un être sans qu'il y ait une vraie entente sur bien des plans, et sans que cette entente ait des répercussions concrètes sur le caractère et la manière d'être.

Le plus beau cadeau que mes parents aient pu me faire dans ma vie, ce fut mon premier chat quand j'avais 8 ans, un magnifique angora blanc qui m'a non seulement accompagnée dans tous mes déplacements jusqu'à l'âge de 23 ans, mais qui m'a surtout véritablement appris dès le plus jeune âge à écouter, à observer, à sentir et à ressentir mon environnement d'un point de vue animal. Savoir utiliser tous ses sens un peu comme un chat ouvre des horizons insoupçonnés pour nous les humains, majoritairement centrés sur le visuel.

Témoignage d'Astrid Guillaume,
sémioticienne.

2.

Un partenariat ancestral

« Chaque chat est un chef-d'œuvre. »
Léonard de Vinci

Une domestication progressive

Rudyard Kipling a imaginé l'origine de l'alliance entre humains et félins dans son magnifique conte *Le chat qui s'en va tout seul* : animal singulier, sachant garder sa part sauvage, parfois rebelle, il s'est rapproché des humains, nouant des relations privilégiées avec les enfants et leur mère, loin de toute relation de domination, que le poète laisse prudemment entre les mains du chien et de l'homme, et plus généralement du principe masculin.

Des origines sud-méditerranéennes

Les scientifiques qui conduisent des recherches archéozoologiques s'intéressant à l'origine du compagnonnage du chat avec les humains vont de surprise en surprise au fur et à mesure qu'elles progressent. Si on a longtemps cru que la domestication du chat était récente, c'était faute d'avoir pu identifier les ossements des chats, beaucoup plus petits que ceux des chiens, et très similaires pour certains de ceux de la microfaune des rongeurs et des musaraignes, comme le souligne Jean-Denis Vigne, archéozoologue au Muséum d'histoire naturelle et directeur de recherche au CNRS[1]. Par ailleurs, malgré sa domestication, le chat a gardé presque intactes ses caractéristiques morphologiques, ce qui rend difficile, pour les archéozoologues, la distinction entre les individus harets ou féraux (c'est-à-dire ceux qui n'ont jamais eu de contact avec l'humain et ne se sont donc pas socialisés) et les chats domestiques.

En Europe, nos chats d'aujourd'hui descendent du chat égyptien, *Felis silvestris lybica*, très proche morphologiquement du chat africain, toujours présent à l'état sauvage. On a longtemps cru que l'histoire de la domestication du chat se mêlait à celle de l'Égypte antique d'autant que c'est dans les sanctuaires ptolémaïques (période de règne des pharaons de la dynastie de Ptolémée, de 332 à 30 avant J.-C.) qu'on a retrouvé les plus belles statues à l'effigie des chats, des momies dans lesquelles se trouvaient des chats entiers ou incomplets (le commerce des momies félines permettait aux plus riches de s'offrir le chat entier, laissant aux plus pauvres l'achat de simples éléments anatomiques[2]). Les Romains ont d'ailleurs beaucoup raillé les Égyptiens pour leur attachement aux chats, qu'ils jugeaient excessif.

En 2004, c'est grâce à une découverte – la tombe au chat – sur le site de Shillourokambos à Chypre, que Jean-Denis Vigne et son équipe ont pu dater plus précisément la domestication. Un jeune humain y est enseveli avec un jeune chat d'environ huit mois, vraisemblablement sacrifié. Le jeune humain et le jeune chat se font face, pour l'éternité. La sépulture commune est datée de 7300 à 7000 avant notre ère. D'autres éléments sur l'île de Chypre ont établi qu'entre 8300 et 7000 avant notre ère, le chat avait été, comme dans beaucoup d'autres endroits, consommé pour sa chair.

En Chine, dans le village néolithique de Wu Zhuang Guo Liang, sur les rives du cours moyen du fleuve Jaune, des restes osseux de petits félins ont récemment été identifiés, dans un contexte funéraire indiquant la domestication, pour la période de 3600 à 3300 avant notre ère. Il s'agissait de lignées locales de *Prionailurus bengalensis* – le chat du Bengale[3]. Ces lignées se sont éteintes. En Europe et en France, la présence du chat domestique est attestée dès l'âge du fer, soit entre 1000 et 800 avant notre ère.

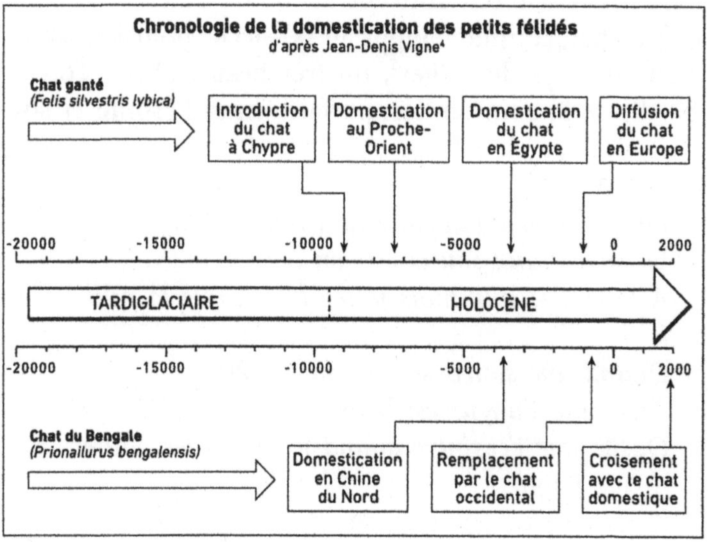

Entre vénération et malédiction

Venu d'Orient, le chat a apporté dans son sillage un peu de la magie dont l'ont auréolé les Égyptiens, mais aussi de mystères. Entre demi-dieu pour l'Égypte et suppôt de Satan pour les catholiques quand il devient le compagnon de ces femmes aux pouvoirs mystérieux qu'on nomme sorcières, le chat n'est pas toujours, bien au contraire, en odeur de sainteté.

La légende raconte comment le prophète Mahomet lui-même, pour ne pas réveiller sa chatte Muezza, qui s'était endormie sur un pan de sa manche, coupa l'étoffe pour ne pas troubler son sommeil. Quant aux ermites chrétiens, ils n'ont souvent eu pour seule compagnie qu'un chat, comme Pangur au IXᵉ siècle, pour lequel fut écrit, au pays de Galles[5], un très beau poème. Tout y est dit de la communion parfaite entre l'ermite et son chat, unis par le silence et la joie du travail bien fait :

Pangur, moi et Pangur nous avons une tâche semblable
La chasse aux souris est son délice
À la chasse aux mots je me livre toute la nuit
[...]
Quand une souris sort de sa tanière,
comme Pangur est heureux
Quelle joie j'éprouve quand je résous les doutes
que j'aime
Ainsi en paix nous jouons à nos travaux.

« Une alliance sans sujétion[6] »

Aussi loin que l'on puisse remonter, la domestication du chat – toujours contestée selon les définitions que l'on en donne – ne s'est jamais fondée sur un asservissement quelconque, mais a reposé sur une familiarité, une proximité et des liens d'intérêts partagés. Aucune trace sur des mosaïques romaines de chat portant un collier, ni d'ailleurs d'ossements de chats dans les ruines du site de Pompéi, ce qui nous indique que les chats « avaient eu l'information » à temps pour s'enfuir… Pas de cages non plus comme en avaient les ours ou les oiseaux.

Si les chats décidèrent un jour de s'installer à nos côtés, ce fut par choix délibéré, librement consenti de faire de nos maisons les leurs. Y compris lorsque nos maisons naviguent sur l'eau, puisque, de tout temps, les chats ont été des mascottes à bord des navires. Si le perroquet ou la colombe sont précieux pour les marins, le chat allie trois atouts : l'utilité, l'affection et la chance qu'il incarne mieux que tout autre.

Tom, mascotte du *Maine*, sauvé des eaux !

À New York au début du xxe siècle, les matelots prenaient soin de leur mascotte féline comme de la prunelle de leurs yeux : bien que confidentielle, c'était une règle sur tous les navires. Un chat à la mer, et hop ! le canot était jeté, contre vents et marées. Peggy Gavan relate dans un bel ouvrage[7] les mille et une anecdotes de ces *cats of Gotham*[8]. Les chats de bateau avaient deux vies, une sur le pont et l'autre à quai, entre deux voyages. Le 15 février 1898, Tom, le chat mascotte de l'*USS Maine* – un des premiers bateaux de guerre américains impliqué dans la guerre d'indépendance de Cuba –, dormait d'un œil sur le troisième pont quand une mine navale torpilla le navire, qui coula rapidement, faisant deux cent cinquante-huit morts. L'explosion fut telle que Tom fut propulsé hors du bateau. Mais, le lendemain, les survivants secourus dans le *City of Washington* eurent la surprise et la joie d'entendre des miaulements à fendre le cœur : Tom était recroquevillé sur une épave, qui flottait encore. Immédiatement, un canot fut mis à la mer et Tom dignement secouru. Quelques jours plus tard, il posait fièrement (moyennant un poisson entier !) pour les magazines et la postérité.

Leur double personnalité de prédateur de vermine (petits rongeurs) et d'animal de compagnie rebelle à toute contrainte fut acceptée d'emblée. Contrairement au chien, le chat n'a jamais été sélectionné pour ses fonctions de travail, même si sa qualité de chasseur de rats et de souris a toujours été recherchée, en ville comme à la campagne.

En 1865, en France, on recensait autant de chats que de maisons rurales, soient six millions d'individus[9], avec des chasseurs des villes qui exhortaient les paysans à nourrir un peu plus leurs animaux domestiques, pour qu'ils ne prélèvent pas les petits oiseaux et perdreaux de leur « cheptel ».

La même année, à Fontainebleau, le juge de paix Richard[10] défend avec vigueur des chats qui ont été piégés dans sa ville par un citoyen excédé d'entendre leurs ébats dans les plates-bandes de son jardin. Le juge de paix fait valoir, entre autres, que « le chat domestique n'étant point *res nullius*, mais propriété d'un maître, doit être protégé par la loi ; qu'étant d'utilité incontestable vis-à-vis des animaux rongeurs, l'équité commande d'avoir de l'indulgence pour un animal toléré par la loi ».

En 1727, un événement écologique modifie le statut et la fonction du chat en Europe : l'émergence du rat d'égout (*Rattus norvegicus*). Le chat domestique n'est pas de taille à lutter contre le rat gris, imposant, et laisse cette fonction aux chiens ratiers. À partir de cette époque, le félin peut alors pleinement devenir un animal de compagnie, et les Anglais inventent le concept moderne de chats de race à la fin du XIXe siècle[11]. Apparaissent alors le siamois, ramené dans une valise diplomatique en 1884, et le british shorthair, qui devient l'emblème et la fierté britanniques lors de la première exposition féline en 1871, au Crystal Palace de Londres. Les Anglais ont même prêté à Isaac Newton la paternité de la chatière, une légende puisque l'invention et le mot étaient apparus dès le XIVe siècle et peut-être même avant. La chatière symbolise bien la liberté de mouvement des chats, qui ne sont pas assignés à demeure, entrant et sortant des granges, puis des maisons, comme bon leur semble.

Une communauté œcuménique d'amis

Il s'est trouvé à toutes les époques, des êtres humains particulièrement sensibles à cette espèce si particulière et attachante, pour prendre soin d'eux et convaincre leurs pairs d'en faire autant. On peut citer en exemple le sultan égyptien el Daher Beybars qui, au XIIIe siècle, lègue un jardin aux chats nécessiteux, le Verger des chats, Gheytel-Qouttah, alors qu'en Europe, le Moyen Âge les maltraite. À la même époque, à Assise, en Italie, celle qui va devenir sainte Claire voit ses douleurs chroniques apaisées par la présence à ses côtés d'une fidèle petite chatte. Depuis, en souvenir des soins palliatifs prodigués, les clarisses accueillent toujours avec bienveillance les chats dans les monastères de l'ordre.

Beaucoup d'artistes, d'hommes politiques, d'écrivains sont des amis des chats. Ainsi, François-Augustin de Paradis de Moncrif signe en 1727 un remarquable plaidoyer, *Dissertation sur la prééminence des chats* – qualifié d'œuvre « gravement frivole » –, qui nous rappelle que la meilleure éducation vient des gouttières. Même le cardinal de Richelieu n'hésite pas, en son temps, à s'entourer de chatons.

Dans ses *Essais,* le philosophe Michel de Montaigne dénonçait déjà la « cruauté enfantine envers les animaux comme l'origine des grands vices chez l'homme adulte[12] ». Il écrivait aussi : « Quand je joue avec ma chatte, qui sait si ce n'est pas elle qui s'amuse avec moi plutôt que moi avec elle. [...] Nous nous divertissons de singeries réciproques. [...]. Si j'ai mes heures pour commencer ou refuser, elle a aussi les siennes. »

C'est l'une des récurrences de l'histoire des chats que celle d'avoir des ambassadeurs ou ambassadrices – avant-gardistes le plus souvent – qui ont su reconnaître chez nos amis leur sentience[13]. Parce qu'ils les considèrent comme leurs égaux du point de vue de la douleur, de la souffrance, de la conscience, ces philosophes, écrivains, vétérinaires, éleveurs ou simples passionnés des chats ont permis aux chats d'aujourd'hui d'accéder au statut de patients félins qu'ils méritaient.

Par exemple, en 1958, Joan Judd, éleveuse britannique de chats, crée le Feline Advisory Bureau, association de charité devenue aujourd'hui iCatCare, référence mondiale en médecine féline. Joan Judd[14] avait été outrée qu'aucun médicament ne soit spécialement conçu pour les chats, et elle a tout fait pour que les chats puissent être soignés de façon efficace et spécifique.

Chats errants

Prédateur solitaire depuis plus de dix mille ans, le chat s'est vu offrir, avec la domestication, la tentation de la paresse et le plaisir du confort d'une vie avec les humains, qui lui fournissent le gîte, le couvert et l'affection. Pourtant, le chat peut retourner à la vie sauvage très rapidement, avec les aléas qui lui sont liés. Les chats errants sont des chats de compagnie qui se sont perdus ou ont été abandonnés, et qui subviennent à leurs besoins soit en faisant les poubelles et les déchetteries, soit en mangeant ce que les humains leur déposent, soit en chassant la microfaune (petits rongeurs et oiseaux).

Lorsque les chats errants ne sont pas stérilisés, ils se reproduisent rapidement, avec un taux de mortinatalité important ; si les chatons arrivent à survivre, ils deviennent des adultes n'ayant jamais eu de contact ni de familiarité avec l'humain, ce qu'on appelle des chats harets.

Ces trois populations de chats – harets, errants et de compagnie – peuvent avoir des interactions, qui contribuent à la propagation de certaines maladies comme la leucose et le syndrome d'immunodéficience féline, des maladies dues à des rétrovirus, responsables de perturbations immunitaires.

Les chats errants non stérilisés sont à l'origine de la surpopulation féline, qui, en Australie, par exemple, atteint un paroxysme inquiétant, en l'absence de régulation des naissances (c'est l'humain qui a introduit cette espèce, dont les oiseaux et petits mammifères n'ont pas peur et contre laquelle ils ne savent pas se défendre). La surpopulation féline va de pair avec des conditions de vie désolantes pour les animaux. Le peuple des chats sans identité, sans foyer, mène une vie faite de larcins dans les poubelles, les jardins, les déchetteries. Selon une récente étude australienne[15], le contenu fécal de ces parias est édifiant : plastique, papier, tissu et aluminium....

Grillon du foyer

Les chats de compagnie quant à eux – c'est-à-dire ceux ayant un propriétaire déclaré – ont une population qui croît chaque année en France. Elle s'élevait en 2018 à 14,2 millions[16], 8,7 millions de foyers accueillant au moins un chat (pour 5,8 millions accueillant au moins un chien), avec un taux de possession de 30,7 %.

La courbe de population et de possession s'est inversée entre chats et chiens à la fin des années 1990, alors que les deux populations comptaient 9 millions d'individus. Cette inversion est concomitante de la loi des trente-cinq heures, qui a véritablement modifié les rythmes des salariés, avec l'arrivée des RTT, donc de nombreux petits congés. La crise économique latente est également une piste d'explications de la popularité croissante du chat, dont le coût d'entretien quotidien est inférieur à celui d'un chien, tout en étant réputé plus autonome que lui, même s'il a besoin, comme dit l'adage, de domestiques. Parallèlement, le travail à distance et le cocooning sont des tendances de fond de la société française qui ont recentré les activités sur la maison, domaine dans lequel le chat est emblématique.

Des collaborateurs de travail

Les artistes, particulièrement les écrivains, mais aussi les peintres, ont toujours eu la fibre féline, faisant de leurs amis les chats leurs muses et leurs collaborateurs. Colette est certainement une de leurs meilleures ambassadrices, qui écrivait que « le temps passé avec un chat n'est jamais perdu ». Tous les maîtres de chat apprécient leur qualité de silence, la force de leur beauté et la douceur de leur présence. Cependant, si des recherches démontrent actuellement l'intérêt pour une entreprise (sous réserve que cela soit compatible avec les métiers exercés) d'autoriser ses salariés à venir avec leur chien au bureau, aucune étude n'a encore examiné le bonheur des salariés qui travaillent chez eux, sous l'œil et le coaching attentif de leur chat. Mais il y a tout à parier que c'est aussi efficace que d'emmener son chien au bureau, et meilleur pour la planète, puisque cela ne demande aucun déplacement de l'un ni de l'autre. Le chat bénéficie d'avoir sous les coussinets un humain de compagnie moins stressé et surtout attentif à ses moindres désirs.

Pour un salarié ou un autoentrepreneur, pouvoir écrire sans être dérangé par des humains n'a pas de prix. Et les interruptions régulières de son chat, qui a le don de lui rappeler la pleine présence de l'instant, sont toujours opportunes et tellement plus vivantes et dopantes que des LOL cats. Méfions-nous cependant qu'un jour les chats ne nous réclament un salaire ou des droits d'auteur sur notre production !

“ Le travail à distance avec Massi, chatte d'intérieur[17]

« Le chat à la maison, en mode télétravail, ça commence par quelques miaulements suivis d'un bond gracieux et précis sur notre table ou sur notre bureau. Que la surface de travail soit grande ou plus petite, c'est toujours sur le clavier de l'ordinateur qu'il vient s'installer, en ignorant superbement la souris pourtant si proche de lui et qui n'a de cesse de se faire toute petite, jusqu'à disparaître du tapis... Il prend soin d'appuyer sur quelques touches, avis donc à la sauvegarde avant de quitter, si on ne veut pas dire adieu aux dernières trente minutes de notre travail... Puis sa tête tourne et nous fixe de son beau regard empli de bienveillance, avec une pointe de satisfaction. Si, si, la moustache frisotte, regardez bien et vous verrez. Les caresses suivent avec quelques mots lui indiquant notre embarras plus ou moins grand. Tout a été fait de manière féline, c'est-à-dire avec calme et élégance. C'est de là que naît une forme de sérénité, propice à la réflexion, à un travail efficace. C'est cette sérénité entretenue dans la durée, par des regards, des mouvements, qui nous fait du bien et qui enrichit nos vies et nos cœurs. »

Aujourd'hui où la notion de famille est parfois floue, le chat apparaît comme un symbole de la cellule familiale, dans une unité retrouvée. Il est l'archétype du foyer, dans le double sens du terme, le chat étant souvent associé à l'âtre de la cheminée, aux vieux poêles à bois, à la chaleur. Le chat apparaît aujourd'hui comme le grillon du foyer[18] de nos civilisations bétonnées, souvent sans cheminées ! Et, comme le grillon, le chat produit cette étrange vibration sonore, qui nous berce et nous endort, le ronronnement.

Seulement 17 % des chats font l'objet d'un achat (en refuge, où il s'agit d'une participation aux frais d'identification et stérilisation, en animalerie, ou 3 % auprès d'éleveurs). Les autres ont été trouvés (27 %) ou donnés (55 %)[19]. Un chat sur deux vient d'un particulier (proche ou non).

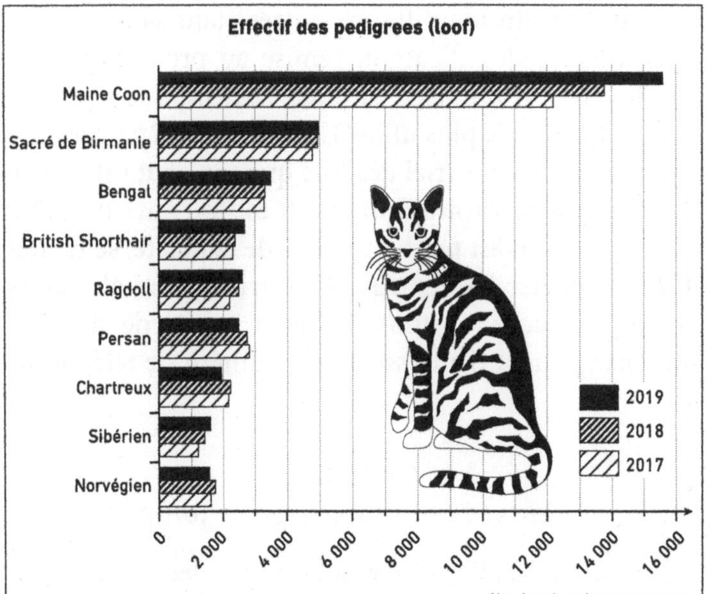

Nos chats peuvent se vanter, même en 2020, de nous avoir initiés depuis la nuit des temps à accueillir le réfugié qui miaule derrière la porte, puisqu'ils sont encore près de 30 % à avoir été trouvés par leur maître – à moins que ce ne soient eux qui aient trouvé leurs maîtres, en se mettant « au carrefour des routes bonnes[20] ».

Les chats sont plus présents dans les familles avec enfants qu'auprès des célibataires, vivent plus à la campagne que dans les grandes villes, plutôt dans des familles à revenus modestes à moyens.

Même si les chats sont considérés, en majorité, comme des membres de la famille à qui on offre un cadeau pour Noël par exemple, ils restent sous-médicalisés et abandonnés en masse. Ainsi, bien que l'identification soit obligatoire pour les chats, seul un individu sur deux est actuellement identifié, les autres étant sans papiers.

La carte d'identification, remise au propriétaire dès que le chat est muni de sa puce électronique (système d'identification le plus utilisé), lui permet d'être prévenu par courrier ou courriel dès lors que son chat est trouvé errant sur le territoire français. Il est toujours prudent, quand son chat est perdu, au-delà de contacter le fichier iCad, d'appeler les refuges et fourrières aux alentours de son domicile, surtout si l'on a oublié de déclarer son changement d'adresse ou de numéro de téléphone.

Childfree, parents d'animaux à plein temps !

La nouvelle identité revendiquée par des couples ou des personnes seules de ne pas vouloir avoir d'enfants se conjugue souvent avec une nouvelle relation au compagnon animal, que les Américains appellent le « *pet parenting* ». Dans une enquête récente[21], ces « nouveaux parents » d'animaux ont précisé qu'ils n'assimilaient pas leur chat ou leur chien à un enfant ni à un substitut d'enfant. Mais, au contraire, ils reconnaissent à leur compagnon animal sa capacité à exprimer des préférences, à avoir sa personnalité, des besoins personnels et un certain degré d'autonomie (plus grand pour les chats que pour les chiens) et à avoir des initiatives, sans obéir au doigt et à l'œil. Ces parents d'animaux sont particulièrement soucieux du bien-être émotionnel de leur compagnon animal et investissent dans des produits et services propres à permettre leur bonheur. Ainsi témoigne Valerie, américaine, sans enfants et maman de quatre chats, qui les considère comme des colocataires, des amis proches, de la famille : « Je ne veux pas m'occuper d'un enfant, je n'ai pas d'instinct maternel. Je vois ça comme une corvée… J'ai des chats et c'est assez. »

Modes de vie du chat

Espace vital

Le chat aime avoir son espace vital, dans lequel il organise ses aires de repos, souvent multiples, en fonction du soleil, de la sécurité et de la chaleur, son aire d'alimentation, son aire d'élimination, des postes d'observation et ses aires de jeux, voire de reproduction s'il s'agit d'un chat d'élevage ou au contraire d'un chat sans maître, vivant dehors.

La notion de territoire n'a pas vraiment de sens chez lui puisque aucune des odeurs qu'il dépose pour baliser ses espaces n'a de pouvoir répulsif sur les autres, bien au contraire ! Les autres chats s'empressent d'asperger les arbres, buissons, murs ou objets, déjà arrosés d'urine, appliquant avec énergie des couches successives.

En appartement ou maison, le chat se rassure par l'odeur de son pelage, laissée aux coins des meubles, canapés, chaises, etc. La vie en communauté féline n'a les faveurs des chattes qu'au moment de la mise bas et à la condition qu'il y ait assez de nourriture pour toutes. Dans de telles conditions, on peut voir ainsi des chattes partager leurs espaces de vie, s'occuper mutuellement de leurs chatons (en les protégeant des coups de dents de certains matous), faisant de véritables tours de garde, pendant que les autres vont chasser.

En dehors de ces circonstances exceptionnelles, les chats préfèrent vivre seuls que mal accompagnés, ce qui fait d'eux des animaux sociaux intermittents. Car sociaux ils le sont, nous le prouvant par l'affection qu'ils nous portent, comme ils peuvent la porter également à d'autres individus, comme un chien, un oiseau ou un cheval par exemple. Ainsi Godolphin, un des plus célèbres chevaux de course britanniques de l'histoire mondiale, avait pour ami un chat, qui, à sa mort, est mort de chagrin.

Lorsque deux chats d'une même portée vivent ensemble, ils ont plus de chance de former un lien fort et stable, même si vers l'âge de la maturité sociale, entre 2 et 4 ans, l'un peut décider de vouloir régenter l'autre, ce qui peut créer des tensions notables.

Autonomes et dépendants

En matière de contact, les chats ont leurs heures et leurs moments, et ne sont pas, comme les chiens, toujours prêts pour un câlin, une balade. Ils sont dotés d'une autonomie psychique importante qui leur permet de jouer d'un rien, de rester seul des journées entières sans s'ennuyer, ce que peu d'entre nous savent faire. Mais, comme le chat est le roi du paradoxe – un « en même temps » permanent – il est également capable de s'attacher, voire de devenir un pot de colle, refusant de rester deux secondes sans son humain de compagnie, notamment quand celui-ci a l'idée saugrenue de fermer la porte de sa cabine de douche. On a pu ainsi observer des chatons anxieux, souvent orphelins et recueillis sans avoir pu vivre l'apprentissage d'un réel sevrage, devenir hyperattachés à leur maître, dans une relation fusionnelle souvent agréablement partagée.

Par ailleurs, le chat qui vit à nos côtés est dépendant pour l'entretien de ses bacs à litière de notre bonne compréhension de la notion de propreté (dont il est un maniaque patenté !) ainsi que de nos choix pour sa nourriture. C'est d'ailleurs souvent dans les cuisines, devant le frigidaire ou le placard que se produisent des scènes que les scientifiques devraient filmer, car on y voit des humains comprendre d'un seul regard (et parfois après quelques miaulements si cela ne va pas assez vite) les intentions de leur chat, et s'exécuter au plus vite pour ouvrir un sachet ou une boîte de la nourriture convoitée.

Si les chats pouvaient publier leurs observations, tous ne nous attribueraient pas les félicitations du jury en matière d'apprentissage des bonnes manières – comme pour leur laisser la liberté de manger quand bon leur semble, puisque leur estomac est petit, conçu pour de très nombreuses petites collations (dix à seize par vingt-quatre heures).

Au refuge : résignés, rebelles ou résilients

La vie en refuge est pour eux à la fois l'assurance de vivre mais souvent, quand ils sont trop nombreux, un pis-aller. Un grand nombre de chats sont résignés, s'isolent quand ils le peuvent. Les standards internationaux de bien-être félin recommandent un accueil individuel dans de grandes cages organisées en deux espaces distincts, sans vis-à-vis avec les autres chats, ce qui demande un changement des mentalités des responsables de refuge et des investissements pour modifier les aménagements. Le nombre de chats abandonnés, volontairement ou le plus souvent par négligence (chats non stérilisés dont on « laisse les chatons se débrouiller seuls », ce qui les conduit en général à la fourrière, avec un taux d'euthanasie important) rend complexe l'accueil et le placement durable. Cependant, dans chaque refuge, dans chaque chatterie, il y a toujours un ou plusieurs chats parfaitement à l'aise.

Que penser des bars à chats ?

Souvent interrogés sur les bars à chats qui fleurissent désormais partout dans le monde dans des zones urbanisées, les comportementalistes félins, vétérinaires ou non, tout en reconnaissant que ces lieux peuvent être différents les uns des autres, pointent du doigt la médiocre qualité du bien-être des chats qui y sont hébergés. Pour appeler un chat un chat, certains de ces cafés proposent tout simplement des relations tarifées avec leurs pensionnaires félins, souvent jeunes, venus de refuges et qui se retrouvent avec un mode de vie peu conforme à leurs besoins et attentes. C'est d'ailleurs pour cette raison éthique qu'au Canada, la Toronto Humane Society a retiré les chats qu'elle avait confiés, en vue de leur adoption, au TOT Cat Café de Toronto, trouvant indécent que l'établissement fasse payer une consommation minimale pour passer un moment avec un futur membre de la famille.

Hébergés en groupe (le nombre de pensionnaires pouvant aller jusqu'à soixante), de tempéraments différents, devant concilier la tentation des odeurs des assiettes déposées devant les humains présents avec l'obligation d'y résister, ils ont de nombreux motifs de frustrations quotidiennes. À Tokyo, au Japon, le Neko no Te cat cafe a été fermé pour insalubrité et maltraitance animale en 2016, rendant des conditions de vie décentes aux soixante-deux chats qui y survivaient.

Si vous voulez néanmoins aller dans un bar à chats, assurez-vous que les chats n'y sont pas trop nombreux, disposent de lieux pour s'isoler, se reposer, de nombreux bacs à litière et qu'ils sont protégés par des règles simples : interdiction aux humains de les prendre dans les bras (ce sont les chats qui viennent chercher les câlins, pas les humains qui les sollicitent), et interdiction de réveiller les chats pendant leur sieste. Si vous voyez quelques vieux chats dans l'établissement, c'est en général bon signe[22].

Emblème d'un lieu ou d'un établissement

Fa-raon est une des deux mascottes de l'hôtel parisien Le Bristol, où il a, comme Kléopatre, tout le personnel, ganté de blanc comme il se doit dans une maison aussi élégante, à ses pieds. Si les chats ont accès à l'ensemble de l'hôtel – y compris les étages, de même que le jardin, qui fait leurs délices –, il est une porte qui leur reste inexorablement fermée, c'est celle des cuisines ! Et pour rien au monde ils ne voudraient se fâcher avec les services vétérinaires ni avec les chefs de ce paquebot amarré rue du Faubourg-Saint-Honoré. En ambassadeurs sachant tenir leur rôle, très heureux d'accrocher les regards et la lumière, ils préfèrent le lobby, où Fa-raon s'étend par exemple de tout son long sur le comptoir – ne croyez pas qu'il dort, il veille et surveille tout. Quant à Kléopatre, elle a trouvé un endroit très stratégique, à côté de l'arrivée du courrier, où elle adore se reposer.

Française au Café français ou Paulo au Train bleu vous le diront aussi, la vie de chat d'un établissement parisien, c'est la vie de château, surtout pour eux, qui aiment les noctambules. Paulo a la nostalgie du temps où la fumée flottait au-dessus des fauteuils club dans le fumoir. Tout change, et c'est tant mieux pour sa santé ainsi que celles des habitués, respirant désormais le fumet des plats, sans les désagréments du tabac.

3.

Un lien unique

> « Avec le chat, on grandit en humanité. »
>
> Philippe Muyl[1]

Le chat a longtemps eu la réputation d'être égoïste, de ne pas obéir comme le chien, ni d'avoir sa reconnaissance. S'il a bien l'autonomie psychique naturelle de celui « qui va son chemin tout seul[2] », le chat est pour autant capable d'un attachement important à son ou ses humains de compagnie (voire à d'autres animaux), attachement qu'il manifeste d'une façon spécifique. Ainsi lorsqu'un chat vient vous accueillir, en sautant d'un bond sur la table, vous décoche un câlin de son front sur le vôtre, vous pouvez être certain qu'il vous reconnaît comme un ami.

Certains chats, sevrés trop tôt, peuvent par ailleurs développer une relation plus fusionnelle avec leur « humain de compagnie », au point de miauler de détresse quand une porte les sépare de l'objet de leur attachement. On peut dire qu'ils présentent une anxiété de séparation, maladie fréquente chez les chiens et rare chez les chats ; elle se caractérise par le fait de ne pas supporter de rester seul, l'absence de leur maître constituant pour l'animal une souffrance importante.

L'attachement des chats envers les humains

Une première étude menée en 2015 par l'université de Lincoln[3] avait tenté d'adapter aux chats le test de la « situation étrange » (d'Ainsworth[4]), régulièrement utilisé pour évaluer l'attachement entre les enfants ou les chiens à leurs parents. Aucun élément probant n'avait pu être identifié, ce qui montrait que le test n'était pas adapté, en l'état, aux chats.

Mais c'était compter sans la persévérance de la communauté des chercheurs ! Une étude américaine[5] vient en effet d'adapter ce test au tempo des chats, dans une version courte. En lieu et place des neuf séquences différentes imposées aux chats, l'équipe de Kristyn Vitale a conçu un test de six minutes en trois séquences : le chat est avec son maître dans une salle inconnue pendant deux minutes, puis seul deux minutes, puis son maître revient passer deux minutes avec lui. Les résultats montrent que 65 à 68 % des chats ont un style confiant (attachement sécure), 35 % ont un style distant (attachement évitant/insécure).

Pour une fois, les chats montrent qu'ils se comportent comme les enfants lorsqu'ils sont séparés de leurs parents. La capacité des chats à former un véritable lien d'attachement à leur humain de compagnie, dont aucun des amoureux des chats ne doutait, bien sûr, est donc démontrée par la science !

Les chats sont aussi souvent décrits comme des animaux qui ne sont intéressés que par le gîte et le couvert que nous leur fournissons. Or ils apprécient aussi autant notre compagnie que les repas que nous leur donnons.

Une équipe américaine[6] a proposé à des chats de refuge et des chats de propriétaires de choisir entre quatre activités : un câlin, manger du thon, s'amuser avec de l'herbe à chat ou un jouet animé (une plume solidarisée au jouet *Cat Dancer*), et les câlins sont arrivés en tête des préférences à égalité avec la nourriture. Ils ne sont donc pas que des ventres, ils sont demandeurs d'interactions, d'affection et de câlins, à leur heure et à leur dose (point sur lequel ils ne sont pas toujours compris par leurs humains de compagnie, ce qui peut être source de discorde).

Testés également sur les zones agréables pour les caresses[7], les chats ont clairement préféré les câlins sous le cou, sur les tempes, sur le sommet du crâne (où se trouve un point d'acupuncture qui apaise). La zone du dos et celle de la base de la queue n'ont pas été appréciées, ces zones étant souvent sensibles (parfois même sans qu'on y ait posé la main). Lorsqu'un chat présente des ondulations de la peau au niveau des lombes – ce qu'on appelle du *rolling-skin* –, il s'agit d'un signe d'agacement évident, indiquant que les interactions ne sont pas les bienvenues.

La sélectivité de leur écoute en intrigue plus d'un, qui les croit distants. Le chat a une excellente perception des sons et de leur signification : il est tout à fait capable de discriminer les voix de ses maîtres, d'être incommodé, voire énervé, par des aboiements de chien, et une maman chatte distingue parfaitement les cris de ses chatons de ceux d'une autre portée. Malgré cela, il ne répond qu'à ce qui l'intéresse et le motive : par exemple, si vous appelez votre chat alors qu'il dort profondément sous ou sur la couette, il vous snobe car il a autre chose d'important à faire – dormir ! En revanche, une chatte vient, toutes affaires cessantes, au secours de tous les chatons en danger. Le chat a donc ses têtes, ses priorités et sait s'organiser comme il veut. Au risque de nous déplaire, mais c'est bien sûr le cadet de ses soucis !

Une affection à la mesure de notre absence

Certains chats forcent notre admiration en parcourant parfois des centaines de kilomètres pour nous retrouver, quand ils se perdent ou que nous déménageons loin d'eux. Sans nous fournir la moindre explication bien sûr, si ce n'est la preuve patente de leur attachement à nos personnes.

Par ailleurs, quand nous nous absentons brièvement – rentrons des courses ou de vacances –, c'est l'occasion de câlins, mais parfois aussi d'une soupe à la grimace. Un temps de debriefing, que les scientifiques ont exploré, en examinant la compréhension que nos chats ont de la durée de notre absence. Plus nous sommes absents longtemps plus les interactions sont longues, comme l'a montré une équipe suédoise[8] qui a demandé à quatorze propriétaires de quitter leur domicile pour trente minutes seulement le premier jour, puis pour quatre heures le jour suivant. Les chats étaient observés grâce à trois caméras installées dans leur maison.

Durant l'absence de leur maître, les chats s'occupent très bien – à se reposer entre autres –, sans que l'on note de différence en fonction de la durée de l'absence. En revanche, au retour d'une absence de quatre heures, les chats ronronnent beaucoup plus et s'étirent également davantage, de façon significative. Quant aux propriétaires, sans que les comportements soient liés, ils parlent beaucoup plus à leur chat, pour raconter, s'excuser, etc. Cette étude montre que, malgré leur autonomie et le fait que les chats ne s'ennuient pas en notre absence, nous comptons pour eux et qu'ils sont heureux de nous revoir !

Les chercheurs soulignent bien sûr les limites d'une telle étude qui ne peut témoigner de ce que certains d'entre nous vivent quand ils rentrent de vacances, et où les miaulements de nos chats peuvent durer plusieurs dizaines de minutes, sans que nous puissions savoir s'ils nous racontent combien la *cat-sitter* les a chouchoutés, ou si ce sont des reproches pour le temps pendant lequel nous avons été absents. Il arrive même que certains chats snobent leurs maîtres un certain temps, quand ils ont été absents trop longtemps, alors qu'on les pensait incapables de rancune… Plus les recherches avancent, plus les questions se multiplient, d'autant plus qu'en humains de peu d'imagination, nous avons du mal à concevoir que nos chats puissent fonctionner autrement que nous. Pourtant, Boris Cyrulnik a dit : « Le jour où l'on comprendra qu'une pensée sans langage existe chez les animaux, nous mourrons de honte de les avoir enfermés dans des zoos et de les avoir humiliés par nos rires[9]. »

Communication intuitive

Qu'on les appelle chuchoteurs, médecins énergéticiens, qu'ils soient vétérinaires, ostéopathes, soignants, éleveurs ou sans métier lié au monde animal, on ne peut ignorer, même si les publications scientifiques font défaut, que certains humains ont des talents pour décoder les pensées des chats et les transcrire, afin de les transmettre aux intéressés, c'est-à-dire aux propriétaires. Le biologiste et chercheur britannique Rupert Sheldrake a été un des premiers à en parler dans ses ouvrages[10]. Voici un témoignage d'une transmission de message, entre une vétérinaire énergéticienne et la propriétaire qui raconte :

« De retour d'un week-end de trois jours, pendant lequel la *cat-sitter* était bien sûr passée chaque jour, je retrouve le salon maculé. Et Viking assis devant la porte, prêt à aller au jardin. "Ton chat se sent abandonné par toi qui, à son goût, pars trop souvent", m'a dit la vétérinaire. Message reçu mais bien difficile à concilier avec mon emploi du temps et celui de la *cat-sitter* qui ne peut s'installer à la maison pour me remplacer vingt-quatre heures sur vingt-quatre. Je tourne et retourne le problème, j'administre à Viking le remède homéopathique dont il a besoin, et là, il me saute littéralement au cou, avec un câlin de son front contre ma joue, ses pattes sur mon épaule, comme seuls les enfants et les chats savent faire, d'une spontanéité et d'une tendresse infinie. »

Heureux d'avoir été compris, à défaut de voir changer l'emploi du temps de sa maîtresse.

Nature des liens qui nous unissent aux chats

Il y a toujours au moins trois façons d'appréhender les chats, sur le plan scientifique, sur le plan fonctionnel et sur le plan que certains qualifieront de spirituel, d'autres d'ésotérique. Comme nous, ils ont un corps, une intelligence et ce supplément d'âme qui les rend si chers à celles et ceux qui les aiment.

Dans leur monde, il y a donc le moi, le surmoi et surtout le chat ! Et pour parler d'eux on ne peut que passer de l'un à l'autre de ces registres, tour à tour caressant dans le sens du poil ou irritant les scientifiques, les pragmatiques et les poètes. À aimer les chats depuis plus de cinquante-cinq ans – j'avais 4 ans quand je fus prise en photo avec un chat dans les bras –, je les fréquente pour tout ce qu'ils sont, dans leur globalité.

Beaucoup plus qu'un objet transitionnel

Nous avons tous eu dans notre berceau un ours, un doudou, un simple lange, un lapin en peluche ou en tissu, etc. Nous nous sommes attachés à ces objets familiers et doux, qui nous ont aidés à nous apaiser lorsque nos parents nous laissaient dans un lieu pour y dormir, puis lors de la première grande séparation, avec l'entrée à l'école. Ce sont pour les psychologues des objets transitionnels, dont le pédiatre et psychanalyste britannique Donald Winnicott disait qu'ils devaient « donner de la chaleur ou être capables de mouvements ou avoir une certaine texture[11] ». La douceur de l'objet est une caractéristique essentielle pour que l'enfant s'en saisisse, le serre dans ses bras et s'apaise.

À ce titre, les chats sont de formidables « sujets » transitionnels, dont les particularités physiques favorisent notre attachement. Le format, la souplesse et la curiosité des chats les autorisent – et les poussent – à venir sur nos canapés, sur nos bureaux et sur nos lits, avec une proximité singulière, qui contribue au lien que nous développons avec eux.

La douceur et la chaleur de leur fourrure sont deux caractéristiques physiques, tactiles, qui contribuent au plaisir de leur compagnie et à un bien-être, pour nos mains, en particulier, à tout âge, et pour nos articulations lorsqu'ils sont sur nos genoux. Au Moyen Âge, les coutumes monastiques permettaient aux moines et aux abbesses d'avoir des peaux d'agneau ou de chat, malgré la recommandation générale de proscrire tout luxe[12]. Et les pharmaciens ont fait commerce de peaux de chat jusqu'à la Seconde Guerre mondiale pour soulager les rhumatismes.

Heureusement pour les chats, ces pratiques ne sont plus de mise, et les chercheurs parlent désormais avec humour des « couvertures de survie vivantes » que sont les chats, couchés à nos côtés – notamment la nuit sur nos lits –, leur chaleur tout autant que leur ronronnement favorisant notre endormissement.

Dormir avec son chat

Toutes les enquêtes réalisées en Occident (Australie, États-Unis, France) montrent qu'environ un propriétaire sur deux dort avec son animal de compagnie, dont près d'un tiers d'entre eux, alors qu'ils se réveillent régulièrement pour ouvrir la porte et laisser le chien ou le chat sortir ou rentrer, disent avoir une qualité de sommeil et de vie très satisfaisante[13].

Dormir avec les animaux est une pratique à la fois répandue depuis la nuit des temps, différente selon les cultures, avec des fonctions multiples. Ainsi, les Aborigènes utilisent leurs chiens ou leurs dingos pour se réchauffer comme pour se protéger des mauvais esprits.

Laisser ouverte la porte de nos chambres ne suffit pas toujours à ce que nos chats dorment avec nous. Ils viennent parfois nous chercher eux-mêmes quand nous veillons trop tard, mais ils peuvent aussi nous snober et ne pas venir dans notre lit, ou encore y prendre la meilleure place, au beau milieu, sur l'oreiller, nos têtes, notre poitrine, ou dans le creux moelleux que dessinent nos jambes sous la couette. Auprès de certains jeunes enfants, certains chats jouent les parfaites nounous, les endormant avec bonheur.

Dormir à l'unisson d'un cœur qui bat, respirer ensemble dans le sommeil pour rêver en chœur, et retrouver l'unité du monde, même au milieu d'un monde hypercivilisé, bétonné, voilà peut-être un des multiples cadeaux des chats qui nous accueillent dans le champ de leurs rêves.

Une équipe japonaise[14] s'est intéressée à la différence entre le contact avec un vrai chat (une femelle stérilisée de trois ans, vivant au sein du laboratoire, éduquée pour savoir rester sans bouger dans une panière et accepter d'être caressée par des étrangers) et une peluche. Les étudiants, équipés d'un dispositif non invasif indiquant leur activité cérébrale, étaient invités à toucher ou caresser le chat ou la peluche avec leur main droite (dont on sait qu'elle active une partie précise du cerveau) et à évaluer leur ressenti. Leur personnalité avait été évaluée avec le questionnaire du Big Five[15]. Les jeunes femmes ont significativement préféré le vrai chat à la peluche, contrairement aux jeunes hommes, pour lesquels aucune différence n'a pu être établie. Au niveau du cerveau droit, ce sont les caresses faites au chat, selon la fantaisie de chacun, qui ont suscité le plus d'émotions, à la différence de celles qui ont été effectuées en réponse à la demande de l'équipe scientifique, qui avait fixé un cadre strict.

Pour les femmes, c'est la partie du cerveau impliquée dans l'empathie émotionnelle et la communication non verbale, qui s'est activée lorsqu'elles caressaient ce chat étranger. Plus leur score en neuroticisme (donc une tendance anxieuse) était élevé, plus elles ont apprécié l'interaction proposée avec le chat, ce que l'activité de leur cerveau gauche a confirmé. Elles ont par ailleurs estimé être de meilleure humeur après ce court moment passé avec un chat inconnu, dans une salle étrangère, donc un endroit loin d'être accueillant.

Les chats ont par conséquent sur nous un effet, qui est différent selon notre sexe et notre humeur. Et on imagine sans peine que ce qui est vrai dans un environnement peu accueillant, comme une salle d'étude, l'est encore plus dans la vie de tous les jours, quand on est assis sur son canapé, son chat à ses côtés, à ne rien faire ou à lui caresser délicatement le sommet du crâne, entre les deux oreilles, là où il aime ! Être ensemble c'est tout, accueillis et acceptés tels que nous sommes, sans commentaires, critiques ni jugements, c'est la preuve de l'amour inconditionnel que nous portent nos chats, un amour réconfortant, non dénué d'humour puisqu'ils ont l'art de nous rappeler à la réalité de leur appétit ou de leur envie d'aller prendre l'air pour apprécier le temps qu'il fait !

Un attachement fort et rassurant

L'attachement entre l'enfant et ses parents, puis entre deux adultes, repose sur quatre critères : la recherche de la proximité avec la figure d'attachement, le fait que celle-ci apaise par sa présence, son soutien, qu'elle augmente le sentiment de sécurité de celle ou celui qui lui est attaché, et que les séparations provoquent des émotions désagréables.

Avec le chat, très vite adulte et autonome, l'attachement est réciproque, la relation et le soutien mutuels, avec une interdépendance des rôles.

Les premières recherches scientifiques sur notre attachement à l'animal de compagnie ont été faites en France dans les années soixante-dix par Ange Condoret[16], docteur vétérinaire, et se sont poursuivies dans les années quatre-vingt grâce à d'autres vétérinaires, dont Hélène Valiergue[17], également docteur en psychologie[18], et des pédagogues comme Mion Valloton[19]. Nous devons les premières publications internationales, en 1986, sur l'attachement aux animaux de compagnie à des psychologues et des biologistes[20].

Le biologiste britannique James Serpell avait émis l'hypothèse que notre attachement n'était pas seulement affectif, à l'image de celui qui lie une mère ou un père et son enfant, mais relevait aussi d'un véritable soutien social, le chat pouvant être considéré comme un ami ou un collègue de travail. En psychologie, des questionnaires différents permettent d'explorer ces deux aspects.

En 1999, une équipe suisse[21] a interrogé plus de trois cents femmes, toutes propriétaires de chats. Elles ont reçu chacune deux questionnaires, le premier sur l'attachement et le second sur le soutien social. L'attachement au chat et le soutien émotionnel reçu étaient d'autant plus forts que la personne vivait seule et, dans une moindre mesure, que le nombre d'enfants au foyer était faible. En revanche, la force de l'attachement au chat ne diminuait pas si le foyer comptait plusieurs chats. De façon générale, le chat est bien un soutien émotionnel pour ses propriétaires, pouvant se substituer sans s'exclure à celui apporté par exemple par une personne du réseau social de travail, surtout lorsque l'attachement entre la personne et son chat est fort. Les deux formes de lien, l'attachement et le soutien émotionnel, coexistent et ne peuvent être considérées séparément.

Un lien particulier avec l'enfant

Si l'attachement de l'enfant à sa mère et désormais à toute personne qui prend soin de lui a fait l'objet de nombreuses recherches, l'attachement entre l'enfant et un animal de compagnie n'en est qu'à ses balbutiements. Les scientifiques sont néanmoins en mesure d'assurer que l'animal de compagnie procure à l'enfant une base de sécurité, un lien spécial, une amitié et une présence qu'il recherche tout autant qu'il lui permet d'apprendre et de développer son empathie[22].

Quand le jeune enfant est séparé de son animal de compagnie, il ne pleure pas ou n'est pas triste comme lorsque sa mère ou son père le quitte, mais il craint pour la vie et le bien-être de son animal. La façon dont l'enfant parle à son animal montre qu'il le considère sur un pied d'égalité avec lui, comme un être qui le comprend. Il peut aussi, comme avec ses poupées, le considérer comme un autre enfant et commencer dès le plus jeune âge l'apprentissage de la parentalité en prodiguant des soins à plus jeune et plus vulnérable que lui, des comportements qu'il saura adopter plus tard, devenu adulte.

En fonction du sexe et de l'âge

Filles et garçons n'ont pas, statistiquement, la même force d'attachement à leurs animaux de compagnie.

Pour les filles, l'attachement est souvent très fort entre 6 et 10 ans, notamment pour les chats et les chiens[23]. La présence de frères et de sœurs au foyer diminue l'attachement aux animaux. Mais chez les adolescents, en Grande-Bretagne, la présence d'une fratrie est souvent synonyme de la présence d'un chat comme animal de compagnie, comme au sein des familles recomposées.

L'attachement est d'autant plus fort entre l'animal de compagnie et l'adolescent que ce dernier est jeune. La force de cet attachement est un indicateur de la qualité de vie de l'adolescent au sein de sa famille[24]. La qualité de la relation avec les parents et les meilleurs amis est liée à celle de l'attachement à son chien, alors que seule la qualité des relations avec les meilleurs amis est liée à l'attachement au chat pour ces adolescents. Cela peut se comprendre par la différence de comportement des chats et des chiens, les chats étant plus autonomes et les chiens plus obéissants, qualité que beaucoup de parents souhaitent pour leurs enfants, éduqués pour être obéissants, alors que l'autonomie est pourtant une véritable école de la vie.

Ces enfants fortement attachés à leur animal présentent des scores d'empathie plus élevés, ainsi que des capacités d'orientation prosociales plus fortes que les enfants n'ayant pas d'animaux de compagnie[25]. Les jeunes enfants aiment particulièrement les animaux qu'ils peuvent toucher, prendre dans les bras, contre lesquels ils peuvent se lover. Ils prêtent aux animaux les mêmes pensées et modes d'action qu'eux, et pensent souvent que les animaux de compagnie ont besoin comme eux de recevoir des manifestations d'affection démonstratives[26], ce qui n'est pas du goût de tous les tempéraments de chats. Éduquer ses enfants à respecter le chat, c'est leur apprendre à respecter tout être vivant, à se soucier de ses comportements et de ses émotions.

Des jeunes chats pour grandir avec l'enfant

La psychologue américaine Lynette Hart et son équipe de l'université vétérinaire de Davis se sont intéressées aux profils des chats au sein des familles avec des enfants de 3 à 12 ans. Selon les six cent soixante-cinq parents participants (américains, canadiens et européens), les chats expriment davantage leur affection aux adultes qu'aux enfants. 81 % des chats sont décrits comme modérément, voire très affectueux avec les adultes, et de 14 à 53 % sont décrits comme modérément, voire très affectueux, avec les jeunes enfants (de 3 à 8 ans). Moins de 10 % des chats étaient décrits comme agressifs.

Les jeunes chats sont clairement plus affectueux que les chats âgés, dont il est probable qu'au-delà de 7 à 10 ans, les douleurs liées à l'arthrose, aux gingivites et à tout ce qui peut mettre légitimement de mauvaise humeur un chat n'ont pas été explorées par cette enquête. La plupart des chats étaient castrés, et ce sont les mâles stérilisés, dans cette étude, qui sont les plus affectueux avec les adultes et les enfants.

La majorité des chats très affectueux vivaient avec d'autres chats dans leur famille. À l'opposé, ce sont dans les familles où le chat était tout seul que les chercheurs ont identifié le plus de chats peu affectueux, voire agressifs (3 %). De façon intéressante, les chats indiquaient clairement une préférence, ceux qui étaient très affectueux avec les tout-petits ne l'étant pas toujours avec les adultes.

L'entente entre le chat et l'enfant repose sur des interactions positives (recherche de caresse, ronronnement) et sur le caractère du chat, lequel ne doit être ni craintif ni peureux, et être joueur (avec un enfant qui y répond adéquatement). C'est quand les interactions entre le chat et l'enfant se déroulent en présence d'un ou deux adultes qu'elles sont les plus positives.

L'étude, qui était mondiale, a pu montrer que les Européens évaluaient plus positivement les qualités relationnelles de leur chat avec leurs enfants que les Américains, ce qui peut s'expliquer en partie par l'âge auquel les Européens accueillent un chaton dans leurs foyers – chatons souvent de pure race dans cette étude –, alors que beaucoup d'Américains adoptent un chat adulte venu de refuges.

Une figure d'attachement

En 2012, une psychologue israélienne attachée à l'université de Haïfa, Sigal Zilcha-Mano, met en évidence que l'animal de compagnie, chat et chien, est une véritable figure d'attachement pour son humain de compagnie, car il est source d'amour inconditionnel, d'acceptation et de soutien. Dans son étude[27], Sigal Zilcha-Mano et son équipe ont montré que ce n'est pas la simple présence de l'animal et le contact qui apaisent (ce qui est vérifié par la diminution de notre pression artérielle en cas de situation inconfortable et stressante), mais bien la force du lien qui nous unit à notre chat ou à notre chien. Ce qui caractérise la relation, « c'est la stabilité, la tendresse, la chaleur, la sincérité, l'authenticité et bien sûr l'absence de jugement ». L'animal de compagnie exerce en fait une véritable fonction de soutien invisible.

Toutes les personnes ayant participé à cette étude ont effectué des tests dans son unité de recherche. Après le premier test psychologique ou un exercice mental compliqué (sélectionné pour mettre les participants en situation de frustration et d'échec), pendant lequel les participants étaient équipés de dispositifs de mesure de la pression artérielle, ils ont dû écrire un court texte sur leur animal (en sa présence ou non) ou sur une personne qu'ils connaissaient sans en être particulièrement proches. Une baisse significative de la pression artérielle a été notée pour ceux qui ont écrit sur leurs animaux, que ces derniers aient été ou non présents, donc par la seule force de leur évocation mentale et mention sur le papier, cela sans différence observée entre les femmes et les hommes, ni selon que leur animal soit un chien ou un chat.

À l'ère de l'explosion de la pratique de la méditation, reconnue pour ses bienfaits sur le cerveau, une proposition d'application de cette observation souvent faite aux méditants pour s'initier à cette activité est d'envoyer de l'amour inconditionnel à son animal de compagnie. En pensant à votre chat, vous étendez vos capacités d'amour et faites baisser votre pression artérielle : que du bonheur à tous les niveaux !

C'est à partir de cette période récente que la plupart des recherches scientifiques sur les bénéfices santé de la présence des animaux de compagnie ont intégré systématiquement l'évaluation de l'attachement du maître à son animal, même si des précurseurs l'avaient déjà mesuré pour certaines études.

Cat ou dog person ?

Ce sont nos amis anglo-saxons qui ont l'habitude de parler de *cat person* et de *dog person*, étant entendu pour eux qu'on ne mélange pas les torchons avec les serviettes, et que cela dénote des caractères résolument différents, théorie que des études ont explorée et confirmée. Les deux mots communs qui viennent à l'esprit des maîtres pour évoquer les chats et les chiens en Suède[28] (presque trois mille personnes ont été interrogées) sont « amour » et « compagnie ». Mais celui qui vient en premier et de façon majoritaire pour les chats est celui de « personnalité » (incluant mentalité), alors que pour les chiens c'est « amitié ». En avant-dernier des vingt-cinq qualificatifs employés pour le chien se trouve la relaxation, qui est dixième pour le chat. Le mot « intelligence » arrive en septième pour le chat, alors qu'il est vingtième pour le chien.

Les maîtres de chats (ou ceux qui envisagent de le devenir) valorisent majoritairement les mots de « personnalité », « amour », alors que ceux qui n'ont jamais eu de chats, et/ou qui n'ont pas l'intention d'en avoir, pensent immédiatement aux mots « nuisances », « compagnie », « intelligence ». Les femmes pensent plus « amour » que les hommes, qui pensent plus « races ».

Pour ceux qui ne possèdent pas d'animal, il s'agit d'une idée et d'une représentation qu'ils se font de chaque espèce, mais pour les maîtres, les mots choisis spontanément correspondent à leurs ressentis et à leur expérience. Donc ceux qui ont des chats apprécient plus que tout leur sacré caractère et la force de leur amour !

La plupart des études internationales de sociologie et les enquêtes de marketing des clients des cliniques vétérinaires confirment que ceux qui ont des chats sont, à l'image de leur animal de compagnie, dotés d'un caractère et d'une curiosité insatiable. Ils ont souvent de nombreuses questions pour mieux les comprendre et mieux en prendre soin. On peut être une *cat person* (les scientifiques anglo-saxons n'utilisent pas, et nous les en remercions, le terme très péjoratif et très français « mémère à chat », même s'ils utilisent l'expression *crazy cat lady*, voir encadré), comme d'autres peuvent être des *dog person*. Tout dépend de ses propres perceptions, de sa culture…

Le chat et ses clichés, de la félinité à la féminité

La *crazy cat lady* n'est pas toujours celle qu'on croit. Si en France, une femme à chats est souvent une femme âgée, vivant seule, entourée d'un nombre parfois impressionnant de chats, la *crazy cat lady* est ailleurs une figure de la communauté LGBTQ, faisant partie des clichés qui conduisent certaines à déclarer[29] qu'on ne peut pas être une véritable lesbienne sans vivre avec un chat !

Dans la langue de Shakespeare, le chat est associé au genre féminin alors que le chien est associé au genre masculin – par convention les Anglais disent *she* (elle) pour un chat, *he* (il) pour un chien – toujours du fait d'un certain nombre de clichés. C'est une des raisons pour lesquelles l'émergence des *cat men*, notamment en Australie et aux États-Unis, est un joyeux pied de nez aux idées reçues. Qu'ils soient en une des magazines, écrivent des livres ou soient responsables d'un bar à chats, ces hommes revendiquent leur part de félinité, pas synonyme de féminité !

Vouloir mettre une étiquette sur chacun de nous à un moment donné de notre vie est souvent caricatural et ne tient pas compte de nos capacités d'évolution. Combien de nouveaux parents de chats sont ainsi des anciens réfractaires aux chats devenus de véritables addicts, ne pouvant plus imaginer de vivre sans eux, par exemple ? Il suffit parfois d'une porte ouverte, d'une suggestion d'un proche pour que l'avis qu'on avait sur les chats change, autant que la vie quotidienne !

Pour évaluer la personnalité, cependant, les chercheurs ne peuvent qu'utiliser des étiquettes. Le questionnaire Big Five, modèle OCEAN, distingue ainsi cinq traits psychologiques :

O = ouverture à l'expérience, originalité : goût pour les aventures et les expériences, pour les arts, curiosité ;

C = conscienciosité, préférence pour les événements planifiés plutôt qu'imprévus ;

E = extraversion, tendance à rechercher la stimulation et la compagnie des autres ;

A = agréabilité ;

N = neuroticisme, tendance à avoir plus facilement des émotions déplaisantes, comme l'angoisse, l'anxiété, la dépression et la vulnérabilité.

Plus de quatre mille propriétaires de toutes nationalités ont été interrogés[30] et il leur a été demandé clairement de se définir comme *cat person*, *dog person*, les deux ou aucun des deux. Les propriétaires de chats ont présenté des scores plus élevés en « ouverture » et « neuroticisme », et moins élevés en « extraversion », « conscienciosité » et « agréabilité ».

Ces résultats ont été partiellement vérifiés par une équipe américaine[31] portant sur plus de mille personnes ;

chacune des personnes devait préalablement s'identifier comme étant une *cat person*, une *dog person*, les deux ou ni l'une ni l'autre. La qualité de l'attachement développé avec son animal de compagnie est plus importante si les personnes se définissent comme étant *cat person*, *dog person* ou les deux, si elles choisissent le chien comme animal de compagnie préféré, et si leurs traits psychologiques dominants sont le neuroticisme (souvent corrélé aux chats dans d'autres études) et la conscienciosité.

Par ailleurs la conscienciosité, l'extraversion et l'ouverture d'esprit protègent d'avoir un attachement de type évitant, c'est-à-dire de ne pas répondre correctement aux demandes de soins et d'affection de l'animal. Le neuroticisme augmente l'attachement de type anxieux aux animaux, qui a du bon, puisque les maîtres sont particulièrement attentifs à chouchouter leur chat et à prendre soin de lui. Cela explique les différents styles comportementaux et détermine des stratégies de communication radicalement différentes des humains avec leur animal préféré.

Une équipe australienne[32] quant à elle s'est éloignée des sentiers battus du Big Five pour examiner plus finement les traits de caractère des maîtres, notamment ceux qui ont tendance à faire de la domination et de la compétition leurs valeurs (ce qu'on appelle l'orientation à la dominance sociale). En partant de l'hypothèse qu'un humain recherche, avec son animal de compagnie, un être qui lui soit complémentaire, ils ont pu vérifier sur un échantillon de cinq cents *cat persons* et cinq cents *dog persons* que l'orientation à la dominance sociale concerne majoritairement les *dog persons* : lorsque la domination et la compétition sont des valeurs fortes, les personnes choisissent plutôt un chien comme animal de compagnie. D'ailleurs, la qualité de loyauté (et d'obéissance) sous-jacente est souvent valorisée par les *dog persons*, alors que la force du caractère et de l'amour absolu (sans lien avec une domination, qui, de fait, avec nos amis les chats est une évidence) sont les deux principales qualités mises en avant par les *cat persons*.

Différents styles d'attachement

Notre attachement à nos animaux, et particulièrement à nos chats, dépend également, d'une part, de la représentation que nous en avons, des émotions que nous leur prêtons ou leur reconnaissons, ces facteurs variant selon notre culture, le fait d'être une femme ou un homme, et, d'autre part, de nos expériences avec les animaux. Ainsi aux Pays-Bas et en Belgique[33] en 2016, mille vingt-trois personnes ont été sollicitées pour répondre à des questionnaires[34], l'un destiné à décrire les émotions[35] qu'elles percevaient chez leur chat ou leur chien et l'autre pour évaluer la force du lien qui les unissait. La nature des émotions des chats dont le propriétaire est témoin est différente selon l'âge de l'animal : les jeunes chats sont plus souvent décrits comme étonnés et joyeux que les vieux, et les chattes comme exprimant plus de dégoût que les mâles... Les hommes ont plus identifié de surprise et de honte chez leur animal que les femmes, les jeunes ont observé plus de colère, de peur, de surprise et de compassion chez leurs chats que les personnes plus âgées.

Le niveau scolaire conditionne également en partie la perception des émotions chez l'animal, même si toutes les études sont loin d'être concordantes. Certains intellectuels, par exemple, rejettent farouchement la réalité de l'intelligence animale, dont ils croient sans doute qu'elle remet en question leur suprématie. Le lien qui les unit à leur animal est d'autant plus fort que les personnes reconnaissent les émotions qu'il exprime, pour les chats comme pour les chiens. Ce lien est démontré dans cette étude pour toutes les émotions chez les chiens, alors que, pour les propriétaires de chats, il ne l'est que pour six émotions sur les dix proposées : la joie, la tristesse, la surprise, la honte, la déception et la compassion.

Une équipe japonaise[36] a repris la méthode de l'étude hollandaise et a eu la joie de constater que les propriétaires d'animaux de compagnie plaçaient la compassion et la jalousie à de hauts niveaux d'expression chez leurs animaux (respectivement 73,1 et 56,2 %), alors que ces émotions sont habituellement considérées comme secondaires.

Si l'expression de la tristesse et de la joie sont significativement plus visibles chez les chiens, les chats ont un répertoire moins facilement lisible pour l'humain et plus nuancé. Les propriétaires très attachés à leur chat ont donc du mal à identifier certaines émotions ou à s'avouer que leur chat présente de la colère, du dégoût, de la peur ou de la jalousie. Il est possible aussi que, du fait de la force de leur attachement réciproque et de la qualité du lien qui les unit à leur maître, ces chats n'exprimaient pas ou peu ce type d'émotions négatives.

L'attachement pathologique : le syndrome de Noé ou *hoarding*

Le *hoarding* – mot anglo-saxon, dont on ne dispose pas de traduction simple – désigne l'accumulation pathologique dont les chats peuvent être victimes. C'est une forme de maltraitance qui prive ces animaux de leurs libertés les plus élémentaires. Détenir cinq à dix chats, dans un studio, sans leur fournir de bac à litière ni de boisson et de nourriture en quantité et fréquence suffisantes, relève du syndrome de Noé. Dans des refuges qui n'en sont pas, ce sont parfois plusieurs centaines d'animaux (neuf cents est le triste record constaté aux États-Unis, où la prévalence du *hoarding* est d'environ 9 % parmi tous les cas de maltraitance) qui sont enfermés dans des conditions d'entretien et de soins déplorables : les personnes ou les institutions qui s'y adonnent sont dans le déni absolu de la situation et des souffrances infligées. Ils cherchent à augmenter encore leur « cheptel » sans se rendre compte des conséquences. Cette possession obsessionnelle compulsive d'animaux concerne essentiellement des chats, de tous âges et de toutes provenances. Contrairement au collectionneur pathologique d'objets, souvent adolescent ou jeune, le propriétaire compulsif obsessionnel d'animaux est d'âge moyen à mûr, avec une prédisposition chez les femmes (76 %). Malgré une bonne volonté initiale, la plupart de celles qu'on nomme parfois pudiquement des « mères nourricières » imposent aux animaux des conditions de vie qui peuvent tourner au cauchemar : certains chats – comme le constatent vétérinaires, pompiers et associations de protection animale lorsqu'ils interviennent – peuvent en être réduits à manger leurs déjections. Le *hoarding* qui est reconnu comme une maladie mentale aux États-Unis, et commence à l'être en Europe et en France, nécessite une prise en charge immédiate des chats et de leurs détenteurs, sans qu'on dispose de véritables traitements pour les personnes atteintes, qui récidivent bien souvent.

Attachement évitant ou anxieux ?

Les styles d'attachement, en psychologie, s'articulent autour des types anxieux ou évitant, l'anxieux se tracassant pour son proche, l'évitant, cloisonnant ses émotions pour tenir à distance les problèmes. Une étude israélienne de 2011[37] a montré que les styles d'attachement anxieux entre personnes sont souvent reproduits avec l'animal de compagnie. En revanche, les personnes ayant un attachement évitant aux humains ont tendance à avoir un attachement anxieux à leurs animaux de compagnie, ceux-ci leur permettant de s'ouvrir à une affection et à des émotions différentes. En 2018, une étude américaine[38] a confirmé que les personnes ayant un style d'attachement anxieux (et faiblement évitant) souhaitaient adopter un chat, ce dernier étant perçu comme ayant naturellement un type d'attachement évitant.

Quels que soient les outils de psychologie utilisés, c'est finalement la complémentarité entre, d'une part, l'attitude autonome, jugée parfois distante, des chats et, d'autre part, la recherche d'une figure d'attachement par un humain un peu plus anxieux que les autres qui permet de sceller des relations fortes et un lien unique entre les chats et nous.

De l'évitement à l'apprivoisement d'un attachement partagé

Avec le chat, on trouve un alter ego dont la nature est bien l'autonomie, élevée au rang de qualité, sans que cette distance soit ressentie comme une punition comme cela peut être le cas pour un enfant que sa mère ou son père ne prend pas dans ses bras pour le rassurer. Pour celles et ceux qui fonctionnent en autonomes forcés, à la suite de l'éducation qu'ils ont reçue, ou en autonomes pratiquants et convaincus, le chat est un compagnon idéal. Il offre la possibilité, pour un humain autonome fonctionnant sur un mode d'attachement évitant de s'autoriser de l'affection, en s'attachant au chat, ce qui est le début pour lui d'un changement souvent salutaire.

Ainsi, lorsque Margaux perd son mari, après plus de cinquante ans de mariage, et emménage dans un nouvel appartement, près de sa fille, son gendre vétérinaire comprend qu'il manque de la vie dans le nouveau lieu qu'elle occupe. Il lui apporte alors une chatte adulte, Hémie, qui ne sera pas la moitié d'une bénédiction.

En effet, avec Hémie – un être bien vivant mais non humain –, Margaux va découvrir combien il est agréable de se sentir aimée, de compter pour quelqu'un et de pouvoir parler d'Hémie à ses voisins, son médecin, ses amis. Et, au soir de sa vie, Margaux, qui n'avait jamais été dans l'effusion avec ses enfants ou petits-enfants, va enfin s'autoriser des gestes tendres, en se préoccupant de la santé et du bonheur d'Hémie. Pour la plus grande joie de sa famille aussi, qui découvre que leur mère et grand-mère, par la grâce de l'amour porté à Hémie, a ouvert un espace infini dans son âme et son cœur.

Parfois ce n'est que dans le manque ou dans l'absence que nous prenons conscience de l'attachement que nous portions à un de nos chats. Et, lors d'un deuil, plus l'attachement anxieux est important, plus il nous est difficile de surmonter la perte de notre chat, raison pour laquelle il ne faut pas hésiter à chercher de l'aide auprès des soignants, des psychologues ou des groupes de parole.

Accepter l'impermanence de nos chats fait partie de la vie avec eux, puisque leur calendrier, même dans les meilleures conditions d'espérance de vie, est toujours trop court pour nous. Aussi, comme me le disait une charmante institutrice retraitée, « dans une vie d'humain, il y a plusieurs vies de chats ». Et mine de rien, le chat nous initie ainsi à l'inexorabilité du cycle de la vie : tous les êtres vivants naissent, vivent et meurent.

Selon l'attachement, les circonstances plus ou moins dramatiques dans lesquelles nos chats s'éteignent, notre chagrin a des couleurs et des intensités toujours différentes. Nous pouvons nous surprendre des années après à éclater en sanglots lors de l'évocation d'un chat en particulier.

Chacun marque de son nom une période de la vie d'un enfant, d'un adolescent, d'un adulte.

La mort d'un chat peut être un cap, comme pour cette jeune fille, venue avec la femme de son père, pour faire euthanasier leur vieille chatte, en fin de vie. Au moment de confirmer leur décision, avant que je procède à l'injection, l'épouse du père a proposé à sa belle-fille d'appeler sa mère, qui avait connu la chatte toute petite. La mère et la fille se sont parlé quelques instants au téléphone, ont évoqué la vie de cette chatte, permettant à celle-ci de s'endormir en paix. Refermant la porte de son adolescence avec cette décision de femme, cette jeune fille est devenue adulte.

Et très longtemps après, le souvenir d'un ou plusieurs chats reste intact, comme le raconte Nicole Chardaire[39] :

....

« Un 31 décembre, alors que nous faisions notre promenade habituelle, dans un chemin creux bordé d'un fossé, à côté d'une poubelle où traînait du pain, j'ai entendu un miaulement minuscule. Je suis revenue sur mes pas, j'ai appelé, et... on m'a répondu ! Une minuscule petite chose noire a surgi d'un buisson, est descendue dans le fossé, a remonté l'autre côté du talus et est venue grimper le long de mon pantalon pour se nicher paisiblement dans mes bras en ronronnant. C'était un chaton d'un mois et demi à peine.

Espérant que sa mère était dans les parages, j'ai remis le chaton à terre, mais aussitôt il remontait dans mes bras. Une fois, deux fois, le petit animal était déjà sûr de lui... Le chaton, léger comme une plume, dans mes bras, nous avons commencé à inspecter les environs, frappant aux portes des rares maisons, fouillant les buissons à la recherche d'une éventuelle mère chatte. Pendant deux heures, nous avons vraiment ratissé tous les parages. Le chaton ne bougeait pas de mes bras. Quand un chat noir croisait notre chemin je posais le chaton qui faisait le gros dos avec agressivité ! Nous sommes allés à la gendarmerie, chez les commerçants pour signaler ce chaton. En vain. Papageno, notre précédent chat, venait de mourir à 22 ans. Nous avions décidé de ne plus en adopter, de garder plutôt ceux de nos amis.

Dès l'après-midi, le chaton ou la chatonne se comporta en terrain conquis chez nous, adoptant litière, canapé, gamelle, comme si elle avait toujours été là. Le lendemain, visite chez la vétérinaire : elle était en bonne santé, sans aucun parasite et… c'était une chatte.

Dernier jour de l'année, dernière lettre de l'alphabet, nous l'avons donc appelée Zelda. Comme la femme de Scott Fitzgerald, en espérant qu'elle soit un peu plus équilibrée qu'elle !

Et voici douze ans que Zelda, au regard vert si éloquent, accompagne notre vie. Et mes nuits, puisque le soir elle se met en écharpe sur mes épaules. Réflexe de sauvegarde ou madeleine de Proust ? Quand nous posons le pain sur la table, Zelda manifeste un besoin irrésistible de s'en emparer pour le manger. »

4.

Des bienfaits pour la santé reconnus

« Les chats nous apportent un morceau de nature dans le salon. »

Dennis Turner

Un soutien invisible[1]

Les apports thérapeutiques de la présence des animaux de compagnie chez les humains ainsi que les thérapies facilitées par l'animal (également appelées activités assistées par l'animal) font l'objet de recherches scientifiques depuis environ une quarantaine d'années. Une synthèse récente[2] des effets bénéfiques de la présence des animaux de compagnie sur notre santé a recensé soixante-neuf études sérieuses parmi plusieurs centaines. L'anthropozoologie, discipline scientifique qui étudie les relations entre l'humain et l'animal et ses bénéfices pour notre santé, commence seulement à être reconnue par les soignants et reste un domaine beaucoup moins exploré dans la recherche scientifique que celui des thérapies médicales ou psychologiques conventionnelles, même si de nombreux progrès méthodologiques ont été faits durant les quarante dernières années.

Les animaux ont été pendant très longtemps des collaborateurs de santé sans être vraiment reconnus comme tels, sauf les chiens guides d'aveugle et les chiens de sauvetage en mer ou en montagne, dont les compétences ont été reconnues par la validation des acquis de leur expérience, sans avoir à présenter patte blanche ni diplômes !

Historiquement, c'est en Allemagne, à Bielfield, ville industrielle du nord-est de la Rhénanie-du-Nord – Westphalie, que l'institut Bethel pour les malades épileptiques, fut l'un des premiers établissements à faire le choix d'accueillir, dès 1867, des animaux pour participer aux soins de ses patients. « C'était naturel, cela tombait sous le sens et cela avait un effet approprié et raisonnable sur la vie des patients », explique l'institut.

Dans de nombreux pays anglo-saxons ensuite, puis en France, la présence des animaux et les interactions avec eux ont été utilisées dans différents domaines : pour aider les militaires (comme les pilotes de guerre) à récupérer du stress post-traumatique, pour permettre à des patients murés dans le silence de s'éveiller, etc. Chez l'enfant (et chez les plus grands), l'animal appelle le jeu qui est un excellent moyen de communiquer. Il est aussi un merveilleux « lieu » de projection : le jeune enfant s'identifie facilement à son chat, à son chien, à qui il prête les mêmes émotions et sentiments. C'est à lui également qu'il peut confier ses joies et ses chagrins.

Boris Levinson[3], psychiatre américain, fut le premier psychiatre à s'apercevoir fortuitement de l'intérêt de la présence de son chien Jingles pendant ses consultations : un enfant autiste, qui ne parlait pas avant le matin où il rencontra Jingles, demanda à revenir… pour voir le chien !

Le chat comme collaborateur de santé est un domaine scientifique moins étudié que celui du chien ou du cheval, essentiellement parce qu'il est moins facile de faire entrer un chat dans une unité de soins (en raison des allergies possibles) et que le chat est réputé moins obéissant que le chien. De plus, les chats n'aiment guère venir dans des lieux qu'ils ne connaissent pas pour y être étudiés, alors que les chiens sont généralement très à l'aise dès qu'il s'agit d'aller faire une promenade de plus avec leur maître. De ce fait, les témoignages des soignants, des intervenants en thérapie facilitée ou assistée par l'animal, des patients et des gardiens ou parents de chats, bien qu'ils soient souvent décriés par les scientifiques, sont une mine d'informations intéressantes.

Outre les études généralistes (chats et chiens), il existe désormais des études scientifiques consacrées aux chats. Menées par des équipes pluridisciplinaires, elles sont certes moins nombreuses que celles s'intéressant aux chiens, puisqu'elles demandent plus de créativité et d'inventivité aux chercheurs, qui doivent étudier le chat sans le stresser ni le contraindre.

Depuis plus d'une dizaine d'années, des psychologues, des psychiatres et des éthologues ont mené des études en tenant compte des paramètres écologiques que le chat leur impose (c'est-à-dire qu'ils ont conçu des études dont les méthodes ne perturbent pas les interactions entre les humains et le chat, ce dernier étant très sensible au moindre stress). Parmi ces publications, on distingue, d'une part, celles qui mesurent les effets physiologiques de la présence du chat auprès de l'humain et, d'autre part, celles qui objectivent les effets thérapeutiques des activités assistées par un chat – appelées aussi, en France, médiation par un chat –, en général sur des troubles de la santé mentale. Parmi tous les paramètres qui peuvent modifier les résultats interviennent l'histoire des personnes (ont-elles eu une mauvaise expérience avec un chat lorsqu'elles étaient petites ou au contraire ont-elles été élevées en présence de chats, qui les ont façonnées ?), le tempérament des chats (selon qu'ils sont très familiers ou ont vécu des traumatismes précoces du fait d'abandon), la durée et la qualité des interactions, ainsi que les personnalités des intervenants en médiation animale.

L'explication scientifique actuelle des effets positifs de la présence de l'animal de compagnie, chien et chat, repose sur le rôle vraisemblable de l'ocytocine – la molécule du bonheur –, dont la sécrétion augmente dans des conditions positives (lors de stimulations tactiles, d'interactions positives). Cette augmentation de sécrétion permet d'améliorer l'attention sociale, le fonctionnement cardio-vasculaire tout en diminuant notre réaction au stress et nos niveaux d'anxiété et de peur.

L'ocytocine, clé de l'attachement

Molécule de l'amour

Découverte chez la chatte en 1906[4], grâce à ses propriétés essentielles lors de la mise au monde des petits chez les mammifères (c'est grâce à elle que l'utérus se contracte et que le nouveau-né sort de son douillet cocon), l'ocytocine est une toute petite molécule qui s'est révélée ensuite sécrétée dans de nombreuses circonstances anodines, quotidiennes, sources de petits et grands plaisirs (se passer les mains sous l'eau chaude, prendre une bonne douche, parler avec des amis, avoir une relation amoureuse harmonieuse, des rapports sexuels...) et jouer un rôle clé dans l'attachement. La pédiatre Catherine Guéguen a beaucoup contribué en France à faire mieux comprendre et mieux connaître le rôle de l'ocytocine. La bienveillance et l'empathie sont des émotions naturelles qui activent la sécrétion d'ocytocine, comme les émotions qui se traduisent par des actes d'affection entre la mère et son jeune enfant, ainsi que dans des relations amoureuses ou amicales.

L'ocytocine est un facilitateur de l'attachement, et peut également être sécrétée chez des parents adoptifs et le jeune enfant accueilli dans leur foyer. Cette hormone module le fonctionnement du système autonome nerveux, celui qui fait réagir au quart de tour lors d'une peur ou d'un stress. Elle a donc une fonction apaisante, non seulement sur les comportements, mais également sur la fonction cardiaque, pour laquelle l'ocytocine a un rôle réparateur.

Pour ce qui est de l'humain, en situation de danger extrême - comme lors d'un attentat -, l'augmentation de la sécrétion d'ocytocine permet par exemple de créer des liens avec des inconnus, augmentant la coopération et la survie. C'est aussi une molécule impliquée dans la résilience, face à un stress chronique, comme lors d'isolement social, de séparation. Sa présence dans le sang fait suite aussi bien à un stress intense (pour aider à sa prise en charge) qu'à des moments de bonheur intense ; elle traduit l'émotion immédiate ressentie.

Rôle dans les relations sociales

La qualité du soutien social, de nos relations sociales - nos parents, notre famille, nos enseignants à l'école, nos collègues de travail, nos proches, de même que nos animaux de compagnie - nous procure sécurité et confiance. Comme souvent, nous percevons mieux l'importance des êtres et des choses quand ils nous manquent, et, dans les études en biologie et neuropsychologie, il en va de même, le bonheur était plus difficile à mesurer que l'état de tristesse ou le désespoir.

Le rôle de l'ocytocine dans les relations sociales a été démontré à partir de la fin des années quatre-vingt-dix, et dans les interactions entre l'homme et ses animaux de compagnie à partir de 2003. En biologie, plusieurs paramètres sont à prendre en compte et aucun résultat n'est systématiquement le même, donc ce qui est vrai pour l'un peut ne pas l'être pour l'autre (qu'il soit humain, félidé ou canidé). L'ocytocine, en outre, ne doit pas seulement être sécrétée : pour qu'elle agisse, il faut qu'elle puisse atteindre des récepteurs spécifiques, qui dépendent de la génétique et de l'épigénétique, donc de l'histoire et du milieu dans lequel vit l'individu. Ce sont autant de paramètres qui modulent la singularité de chacun. C'est grâce aux chiens, grâce à leur envie de nous faire plaisir, y compris en présence d'étrangers comme des chercheurs et dans des lieux inconnus, que la démonstration de la sécrétion synchrone d'ocytocine lors d'échanges de regards entre humain et chien a pu être faite[5]. Et les travaux publiés depuis confirment le rôle central que l'ocytocine joue dans les effets bénéfiques des animaux de compagnie sur notre santé, en attendant de pouvoir être démontrés chez le chat.

Grâce à la découverte de nouveaux marqueurs, comme l'alpha-amylase salivaire[6] (enzyme contenue dans la salive, dont le taux augmente sous l'effet du stress, de l'exercice physique et de la caféine), plus stable tout au long de la journée que le cortisol (hormone sécrétée par les glandes surrénales, habituellement utilisée dans les études), et maintenant la mesure possible de l'ocytocine salivaire, la recherche biologique voit s'ouvrir des portes pour des analyses plus fines et moins invasives.

Un niveau élevé d'ocytocine est associé à une pression artérielle minorée, un rythme cardiaque plus lent, des niveaux de douleur plus bas en cas d'inflammation chronique et un faible niveau de dépression. Lors de contacts avec notre animal de compagnie[7] (de la simple présence à nos côtés, aux caresses, conversations, etc.), pour autant qu'un lien d'attachement fort nous unisse réciproquement, le niveau d'ocytocine augmente à la fois chez l'animal et chez nous. Les études sur la qualité de l'attachement que nous éprouvons pour nos chats montrent que leur simple évocation suffit à nous protéger d'un stress passager[8].

Réactions du cerveau

Une équipe italienne[9] explore depuis déjà quelques années les mécanismes de l'activité cérébrale lorsque nous assistons à des interactions entre des personnes ou entre des personnes et des animaux. Des images neutres, positives ou négatives ont été montrées à des participants équipés d'un dispositif d'exploration non invasif. Les réactions émotionnelles observées ici sont toutes générées dans le cortex préfrontal, avec une latéralisation des émotions, les négatives pour le cerveau droit et les positives pour le cerveau gauche. Mais notre cerveau réagit de façon intense aux interactions humaines négatives (deux personnes qui se disputent ou s'agressent) ainsi qu'aux interactions positives entre humains et animaux (câlin du chat à son maître et réciproquement). Rajouter le son à l'image avec des ronronnements ou miaulements d'appel, des grondements, des aboiements de joie ou de peur, augmente ces effets.

Être témoin de l'affection inconditionnelle entre un chat et un humain de bonne compagnie stimule donc le meilleur de nous-mêmes : voilà probablement un antidote à la violence du monde et aux agressions diverses dont nous sommes témoins. Une exploration en direct sur un échantillon plus grand est attendue, car seules quinze personnes se sont prêtées à cet exercice, ce qui a déjà permis cette belle découverte.

Bienfaits physiologiques pour la santé

D'une façon générale, les bénéfices physiologiques pour la santé sont similaires pour la présence de chats ou de chiens auprès de leur humain de bonne compagnie. Ces bénéfices sont attestés, économiquement et statistiquement. Les résultats de toutes les études indépendantes menées depuis 1996 en Allemagne[10], en Australie[11], aux États-Unis et en Grande-Bretagne sont formels : les personnes âgées qui vivent en compagnie d'un animal consultent moins leur généraliste, ont une meilleure qualité de vie, sont plus actives, moins dépressives et, surtout, font épargner respectivement chaque année 5,6 milliards d'euros à l'Allemagne[12], 2 milliards de dollars à l'Australie[13], et 11, 7 milliards de dollars aux États-Unis. En Grande-Bretagne, les économies ont été estimées à environ 2,45 milliards de livres en 2017 par le rapport *Companion Animal Economics – The Economic Impact of Companion Animals in the UK*, publié par le Centre for Agriculture and Biosciences International (CABI), qui a comptabilisé les coûts et les bienfaits directs et indirects de la présence des animaux de compagnie, notamment pour notre santé physique et mentale. Des économies à mettre en avant, pour les députés européens, qui, en mai 2017, ont déclaré à Bruxelles : « Nous devons dire deux fois oui aux animaux[14] ! »

Véritables membres de la famille, ils permettent à leurs maîtres de se sentir utiles, valorisés, et sont des coachs de santé, dans la droite ligne des recommandations de l'Organisation mondiale de la santé (OMS), comme l'a précisé en mai 2017 Marie-José Enders-Slegers (professeur, Open University of The Netherlands, et présidente de l'IAHAIO[15]). « L'animal de compagnie est un véritable capital santé et social, facilitateur des relations psychosociales, un catalyseur du lien, et animateur du tissu social[16]. » Les études allemande et australienne, qui s'appuient sur des enquêtes qui suivent les personnes tous les cinq ans[17], peuvent désormais démontrer la causalité, donc le lien entre la présence d'animaux au foyer et l'effet le plus frappant, la baisse de 11 % à 15 % du nombre de consultations médicales des maîtres. Il serait souhaitable que de telles études soient menées en France, notamment pour mieux aider les personnes âgées à pouvoir garder leur animal de compagnie auprès d'elles.

Sur la fonction cardio-vasculaire

Animaux de compagnie et tension artérielle

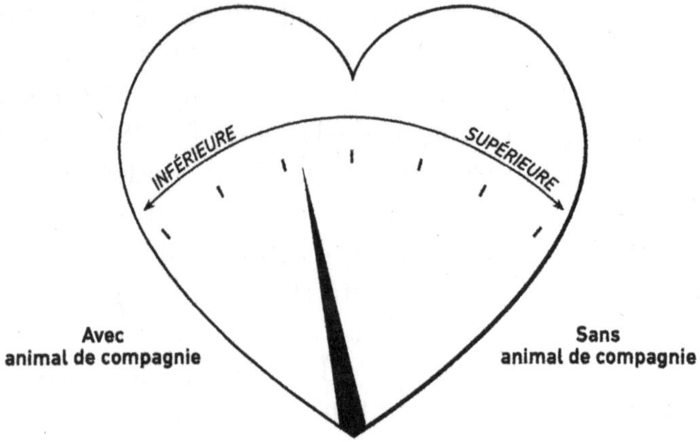

Posséder un animal de compagnie peut réduire la tension artérielle au repos

Un des premiers bénéfices des possesseurs d'animaux de compagnie est d'être moins exposé grâce à leur chat ou à leur chien aux maladies cardio-vasculaires, avec un rythme cardiaque moins élevé que la moyenne, de même que la pression artérielle. En 1980, la chercheuse américaine Erika Friedmann et son équipe[18] ont mis en évidence chez quatre-vingt-douze patients ayant subi un incident coronarien un meilleur taux de survie : 94 % pour ceux vivant avec un animal, contre un taux de 72 % pour ceux n'ayant pas d'animal.

En 1983, cette même équipe a montré que la pression artérielle des enfants au repos ou en train de lire diminuait lorsqu'un chien était présent à leurs côtés.

Au moins trente publications ont confirmé ces résultats, dans des situations qui se sont affinées, montrant que l'effet positif de l'animal de compagnie était aussi important avec un chat qu'avec un chien, et que le fait d'y être attaché (donc que le chat ou le chien ne soit pas un inconnu) était un paramètre important.

Du point de vue cardio-vasculaire, les chercheurs expliquent désormais les effets bénéfiques de la présence des animaux de compagnie par la stabilité émotionnelle et la réduction du stress, de la dépression, de l'anxiété et de l'isolement social qu'ils permettent et qui sont les clés de la bonne santé du cœur. Ainsi, l'étude menée par Karen Allen[19] l'a confirmé. Elle a mesuré au domicile de personnes en bonne santé, ne prenant aucun médicament à visée cardio-vasculaire l'effet de la présence, auprès de la personne ayant réalisé le test, de sa femme, de son animal de compagnie ou d'un ami, dans une situation de stress modéré (test passif avec immersion de la main dans de l'eau glacée à 2-4 °C pendant deux minutes, suivi d'un test actif avec quelques exercices simples de calcul mental). De façon amusante, la présence de l'épouse seule stresse le mari pendant l'épreuve de calcul mental, alors qu'en présence de son animal de compagnie, il est plus performant. Lorsque l'épouse et l'animal de compagnie sont tous deux présents, on observe les mêmes bénéfices que si l'animal de compagnie était seul avec lui. En présence de son animal de compagnie, le mari commet moins d'erreurs dans les exercices de calcul mental, donc est plus performant que l'est un homme qui n'a pas d'animal de compagnie, en présence d'un ami ou de son épouse. Quant aux non-propriétaires d'animaux, c'est lorsqu'ils sont seuls qu'ils sont les plus efficaces, le stress apparaissant en présence de leur épouse.

Karen Allen et son équipe n'ont trouvé aucune différence significative entre les propriétaires de chien et les propriétaires de chat, tous stressés de la même façon en présence de leur épouse, et tous apaisés en présence de leur meilleur ami, chat ou chien !

Même auprès de personnes déjà hypertendues, l'effet chat ou chien fonctionne. En effet, cette même équipe a mené en 2001 une étude[20] portant sur quarante-huit patients hypertendus, exerçant des professions hautement stressantes ; ces patients ont été examinés méticuleusement (mesure de la pression systolique et diastolique, fréquence cardiaque et activité plasmatique de la rénine, enzyme qui est sécrétée par le rein et régule la pression artérielle) pendant des tests de stress similaires aux précédents. Tous les patients étaient célibataires et recevaient le même traitement antihypertenseurs (inhibiteur de l'enzyme de conversion de l'angiotensine).

Puis la moitié des personnes ont été sélectionnées pour adopter un chien ou un chat. Lorsqu'ils ont tous ensuite été soumis à un stress, chez eux, dans une pièce en présence de leur nouvel animal de compagnie ou d'un ami (pour ceux qui n'avaient pas d'animaux de compagnie), ceux dont l'animal de compagnie se trouvait près d'eux ont eu une augmentation très modeste de leur pression artérielle, suivi d'un rapide retour à la valeur normale, alors que les non-possesseurs ont eu une élévation importante et durable de leur pression artérielle. Le médicament a néanmoins eu la même efficacité sur les patients, en dehors des moments ponctuels de stress.

En 2012, une étude[21] portant sur cent quatre-vingt-onze personnes, possesseurs et non-possesseurs d'animaux de compagnie, a confirmé, par le port d'un holter, que les résultats bénéfiques pour les propriétaires d'animaux de compagnie (quarante-six personnes avaient un chien, vingt-sept un chat et neuf un autre animal) étaient constants jour et nuit, et que l'entropie cardiaque était meilleure (avec moins de variations du rythme), avec des ratios basses fréquences/hautes fréquences moins élevés en permanence.

L'équipe d'Erika Friedmann[22] a montré en 2013 auprès de personnes âgées de 50 à 83 ans que la présence de chats et de chiens était associée à un plus grand niveau de bonheur rapporté par les personnes, un moindre niveau d'angoisse, de frustration et d'ennui quand leurs animaux étaient auprès d'eux, dans la pièce où leur pression artérielle était mesurée (avec un système ambulatoire, donc sans manipulation par un tiers). La présence d'un chien diminuait la pression systolique et diastolique, alors que la présence du chat ne diminuait que la pression diastolique. L'association américaine de cardiologie (The American Heart Association) a ainsi publié en 2013 une position scientifique[23] reconnaissant que les animaux de compagnie pouvaient être à l'origine d'une réduction du risque de maladies cardio-vasculaires.

L'effet positif du chien sur la fonction cardio-vasculaire a trop longtemps été analysé sous l'angle du sport et des promenades que font les chiens avec leurs propriétaires, alors que les propriétaires de chats étaient davantage supposés faire salon qu'être sportifs. Aujourd'hui, on reconnaît au chat une action apaisante par sa présence et son contact auprès de son propriétaire, dont le niveau de stress est moins important et, par conséquent, la pression artérielle moins élevée. Il n'est pas rare que les affections cardio-vasculaires soient à l'origine d'anxiété ou de dépression, deux états émotionnels qui peuvent être améliorés par la présence d'un chat, expliquant leurs effets bénéfiques auprès de ces personnes, pour autant qu'elles prennent, bien sûr, plaisir à vivre avec lui.

Idées reçues

Certains scientifiques ont des idées reçues sur les compétences de chaque espèce. Un chercheur canadien travaillant sur l'arthrose souligne ainsi : « Les chats ne font pas sortir leur humain de compagnie pour aller en promenade, marcher et rencontrer d'autres personnes, toutes choses qui sont un défi quand on a mal, donc c'est pour cela que je ne me suis pas intéressé aux propriétaires de chats, mais j'imagine qu'ils leur apportent beaucoup ! » Effectivement, rien n'est aussi efficace qu'un siamois de 10 ans quand il lui prend la fantaisie d'aller déposer une crotte sous le piano, pour obtenir (sans réclamer !), la souplesse mentale et physique de son maître de 87 printemps. Cette souplesse est entretenue chaque jour par l'envie partagée de jouer par terre, assis sur la moquette, et elle s'accompagne pour son maître d'exercices pour porter les sacs de litière du supermarché à la voiture, de la voiture à la maison, sans oublier le nettoyage chaque jour des bacs avec grand soin. Toutes choses qui sont exécutées sans difficulté, là où des exercices de motricité similaires seraient effectués de mauvaise grâce chez un kinésithérapeute : question de motivation ! C'est dire si le chat est capable de faire travailler la tête et les jambes de son maître.

Une étude spécifiquement consacrée aux propriétaires de chats[24] a été publiée en 2009, elle a suivi quatre mille quatre cent trente-cinq personnes aux États-Unis, pendant une période pouvant aller de dix à seize ans. Un lien indépendant entre le fait d'avoir été propriétaire d'un chat au cours de sa vie et un risque diminué d'infarctus du myocarde a pu être identifié. Les auteurs l'attribuent à des réactions moindres du système autonome (nos montées d'adrénaline en cas de stress) des propriétaires de chats, par rapport aux non-propriétaires. Le risque d'accident cardio-vasculaire était réduit de 37 %. Comme l'écrivait déjà Erika Friedman en 1980, « le plaisir de regarder un chat jouer ou de contempler un poisson dans un aquarium peut produire le même type de relaxation apte à diminuer l'excitation ambiante, comme le permettent toutes les techniques d'attention directe, telles que l'hypnose ou la méditation[25] ».

Il n'est pas exclu cependant que les caractéristiques psychologiques des propriétaires de chats puissent être autant à l'origine de cet effet bénéfique que la présence du chat.

En Chine, la pollution atmosphérique connaît un niveau sans précédent dans le monde, qui nuit gravement à la fonction cardio-vasculaire et, depuis environ une dizaine d'années, l'hypertension se manifeste malheureusement dès l'enfance. Le port du masque, qui peut nous faire sourire, est une sage précaution en milieu urbain, où vivent la majorité des Chinois. Le taux de particules fines (PM10) et le tabagisme passif sont particulièrement responsables de cet effet délétère de l'atmosphère pour la santé. Une étude épidémiologique[26] menée dans sept grandes villes du nord de la Chine a mesuré de nombreux paramètres atmosphériques, ainsi que la pression artérielle de neuf mille trois cent cinquante-quatre enfants. Les revenus de leurs parents, la présence d'un ou plusieurs fumeurs au foyer et celle d'un animal de compagnie ont été pris en compte. La présence d'un animal de compagnie, avant leur naissance (*in utero*) ou pendant les premières années de leur vie, a été significativement liée à une prévalence moindre d'hypertension artérielle. Le même effet protecteur a été retrouvé quand les enfants étaient également victimes du tabagisme passif d'au moins un de leurs parents.

Protecteurs d'allergies futures

Depuis vingt ans, les scientifiques ont pu démontrer l'avantage du contact avec un chat (ou un chien) en ce qui concerne la prévention des allergies chez le jeune enfant. C'est une équipe suédoise[27] qui, la première, en 1999, a montré que le fait d'avoir été en contact régulier, au cours de sa première année de vie, avec un tel animal permettait d'avoir un risque diminué de souffrir d'asthme de sept à neuf ans. D'autres équipes ont ensuite étudié le mécanisme, qui, bien qu'il ne soit pas pleinement élucidé, repose sur le fonctionnement immunologique. Lorsque les enfants sont exposés jeunes à des quantités importantes d'allergènes félins ou vivent avec des chats dans leur foyer, ils présentent une tolérance clinique à l'allergie et à l'asthme, en développant des immunoglobulines[28] spécifiques du chat (IgG4).

Seule une étude[29] a trouvé un résultat contradictoire avec les huit études ayant confirmé les résultats premiers. Pour autant, aucun scientifique ne recommande de prendre un chat ou un chien pour de simples raisons médicales. Il faut que cela soit une volonté et un plaisir pour les familles. Mais les scientifiques ont démontré que vivre enfant dans une ferme et à proximité d'animaux de ferme protège de la survenue ultérieure d'allergies. En 2019, cette même équipe suédoise a testé l'hypothèse[30] selon laquelle plus le nombre de chats et de chiens en contacts réguliers avec le jeune enfant était grand, plus l'effet protecteur contre les allergies et l'asthme était important. Leur idée était que la présence d'au moins un chat et un chien (dont les allergènes sont de nature différente) constitue, du point de vue immunologique, une sorte de mini-ferme, – laquelle fonctionne comme un vaccin, non seulement contre les allergènes félins et canins, mais également contre les allergènes alimentaires et aériens (bouleau, herbe).

Cette nouvelle étude est l'aboutissement du suivi de plus d'un millier d'enfants pendant au moins cinq à sept ans, dont certains des parents avaient été sollicités par les chercheurs avant même la naissance des enfants. C'est donc un travail de fourmi et de longue haleine qui a été effectué. Ont été notés chez tous ces enfants les crises de conjonctivite, de rhinite, d'asthme, d'eczéma, les diagnostics d'allergie avérée ainsi que le nombre de chats et de chiens au foyer. La plupart des enfants n'avaient pas d'animaux auprès d'eux, deux cents avaient un animal, quatre-vingts en avaient deux et une trentaine d'enfants avaient plus de trois animaux dans leur foyer. Cette étude montre que le risque de sensibilisation aux allergènes diminue sensiblement quand le nombre d'animaux de compagnie présents au foyer augmente, et apporte enfin la réponse de l'effet protecteur de la présence des chats et des chiens.

Allergie aux chats

Les allergies aux chats sont les allergies d'origine animale les plus courantes chez l'homme, pouvant se manifester chez le bébé dès l'âge de trois mois, après une phase de sensibilisation d'une durée variable. Le principal allergène spécifique du chat est la protéine Fel d 1 (certaines personnes pouvant être aussi allergiques à la Fel d 2 ou 4, cette dernière étant produite dans la salive[31]).

La sécrétoglobuline Fel d 1 est une petite molécule à la fonction biologique toujours inconnue pour le chat, sécrétée essentiellement par les glandes sébacées (à la base de chaque poil), qui sont plus nombreuses et plus grandes au niveau de la face[32]. Elle est ensuite déposée avec la salive du chat sur tout son pelage, lors de son comportement de toilettage. C'est une molécule très collante, solidaire des poils, mais aussi des vêtements sur lesquels le chat s'est couché. Elle persiste dans l'air ambiant et toutes les personnes en contact avec un chat la transportent (à l'école, dans les transports en commun, etc.). La production de Fel d 1 est très variable chez un même chat au cours d'une journée. Elle n'est pas dépendante de la longueur des poils ni de la race. C'est chez les chatons et les mâles entiers que la concentration en Fel d 1 est la plus forte (la castration étant salutaire). Il n'existe pas de chats hypoallergéniques, mais certaines races et lignées présentent des concentrations plus faibles que d'autres (avec une publication scientifique le démontrant pour des sibériens[33]).

Le traitement de l'allergie est souvent l'immunothérapie, pas toujours efficace, l'éviction pure et simple du chat étant délicate en raison du stress émotionnel pour la famille et le chat, point sur lequel les consensus médicaux s'accordent. La consommation par le chat d'un aliment spécifique, capable de neutraliser l'effet allergisant de cette protéine sans en réduire sa production, pourrait offrir à l'avenir une piste intéressante[34].

Il semble par ailleurs que le microbiote (la flore microbienne digestive et les endotoxines excrétées par les animaux) joue un rôle important dans l'induction de cette tolérance. Cela nécessitant des contacts répétés, une proximité, qui sont facilités si les animaux sont nombreux. On comprend facilement qu'avec un seul chat ou un seul chien, pour peu que l'animal ou l'enfant soit peureux, les contacts seront modérés, ce qui explique pourquoi certaines études n'ont pu reproduire les résultats trouvés majoritairement. Vivre dans un monde aseptisé comme on l'a trop fait va à l'encontre de l'intérêt de cette exposition jeune à des microbes, dont l'impact est pourtant notoire.

Chat et tabagisme

Les études se multiplient sur les effets toxiques de la fumée, que ce soit sur les fumeurs eux-mêmes ou sur ceux qui y sont soumis passivement, qu'il s'agisse de tabagisme de seconde main (passif), quand on vit avec un fumeur, ou de troisième main (tabagisme ultrapassif), quand on séjourne dans un environnement contaminé par de la fumée de cigarette. Et le chat, parce qu'il est une victime potentielle innocente, se révèle être un puissant motivateur de bonnes résolutions prises par les fumeurs avec lesquels il vit.

Toutes les particules de fumée (nitrosamines spécifiques du tabac) déposées sur les meubles, les sols, les poussières sont ingérées non seulement par les jeunes enfants, en raison de leurs comportements particuliers (marcher à quatre pattes, mâchonner des objets tombés au sol, etc.), mais également par les animaux de compagnie. Les chats, notamment, paient un lourd tribut, en avalant de nombreuses particules lors du toilettage, qui, chez eux, frise la maniaquerie. Le chat semble être de plus en plus une sentinelle de choix pour l'évaluation de l'ETS (Environmental Tobacco Smoke) : on recherche dans ses urines, ou plus simplement dans ses poils, les traces de la nicotine et de ses dérivés (ou métabolites), considérés comme un marqueur du risque de cancer pour le chat.

Cette étude[35] est la première à confirmer l'existence de biomarqueurs de l'ETS chez cette espèce. Les taux de nicotine et de ses dérivés se sont bien révélés proportionnels à l'exposition des chats au tabagisme (souvent élevée, avec une moyenne de 21,5 cigarettes par jour). Fumer à l'extérieur de la maison a protégé certains chats, mais les analyses de chats de non-fumeurs ont montré qu'ils étaient parfois en contact avec des fumeurs, à l'insu de leurs maîtres. Des recherches ultérieures sont nécessaires pour vérifier qu'une mesure ponctuelle est indicatrice d'un état, mais il est d'ores et déjà intéressant de noter que les valeurs mesurées en nicotine et en cotinine sont les mêmes que celles retrouvées chez les femmes de fumeur ou les employés de maison de fumeur, mais qu'elles sont inférieures à celles mesurées chez les enfants vivant dans le même environnement.

L'accès à l'extérieur n'empêche pas les chats d'être exposés au tabagisme. Ainsi l'université de Glasgow a mesuré le taux de nicotine dans quatre-vingts échantillons de poils de chats, quarante exposés au tabagisme de leur entourage et quarante non exposés. La corrélation entre le nombre de cigarettes fumées au foyer et le taux de nicotine détecté dans les poils des chats est hautement significative, alors que, pour des expositions similaires, les taux observés chez les chiens se sont révélés inférieurs. Les chats sont donc malheureusement très sensibles à la toxicité nicotinique. On sait depuis presque vingt ans qu'un chat de fumeur voit son risque de lymphome multiplié par 3,2[36], une information capable de motiver son propriétaire pour commencer son sevrage.

En 2009, trois mille deux cent quatre-vingts propriétaires d'animaux de compagnie, fumeurs ou non-fumeurs, vivant éventuellement avec des fumeurs, ont été interrogés sur Internet[37]. Ce sont majoritairement des femmes qui ont répondu (phénomène classique, les femmes assumant le rôle de responsable de l'animal de compagnie au foyer). 40 % des fumeurs et 24 % des non-fumeurs vivant avec un fumeur ont indiqué être motivés par les informations en termes de risques du tabagisme pour leur animal de compagnie au point de penser à arrêter de fumer ou même à essayer.

Le suicide des chats fous de Minamata

Minamata, au Japon, a été le théâtre du premier accident industriel qu'on a appelé « pollution chimique » : des milliers de personnes et d'animaux ont été contaminés, à partir des années cinquante. Dans le port près de l'usine, les poissons se sont mis à nager à la surface de l'eau, comme fous. Les oiseaux de mer ont cessé de voler et, aux abords de l'usine, les bernacles étaient incapables de s'accrocher sur les coques des bateaux. Atteints les premiers, les chats ont présenté des symptômes spectaculaires : une « danse de la folie » (des symptômes nerveux, en fait), les conduisaient à se noyer dans le port. Les journaux de l'époque titraient : « Ces inquiétants suicides de chats ». Les premiers cas humains ne seront décrits qu'en 1956, avec onze décès. Cette usine a produit de l'acétaldéhyde à partir de 1932, en utilisant du mercure comme catalyseur de la réaction chimique. Au total, quatre cents tonnes de mercure ont été déversées dans la mer entre 1932 et 1968, faisant plusieurs centaines de milliers de victimes.

Les scientifiques mettront longtemps à élucider l'origine de la maladie de Minamata, en raison de l'omerta de l'industriel. Deux médecins britannique et japonais publient cependant le premier article dans *The Lancet*[38] en septembre 1958, formulant l'hypothèse d'un empoisonnement au méthylmercure. Du mercure a effectivement déjà été retrouvé par le chercheur japonais Shoji Kitamura[39] dans les organes de chats morts, ainsi que par le professeur Tadao Takeuchi[40], dans le cerveau de patients décédés. Des études sont alors menées au sein même de l'usine Chisso sur plusieurs centaines de chats, nourris avec les déchets rejetés en mer, et c'est sur la quatre centième chatte[41], le 7 octobre 1959, que le docteur Hajime Hosokawa identifie les premiers symptômes nerveux, au bout de soixante-dix-huit jours de consommation de poissons et déchets contaminés. Mais les résultats resteront cachés jusqu'en 1962, le mercure continuant de tuer et provoquer des lésions irréversibles chez l'humain.

En 1961 le professeur Masazumi Harada vient faire une enquête sur place (dont il publiera les résultats en 1964[42]). Une femme témoigne que son mari est mort en 1954 de la maladie désormais dite de Minamata, et que ses deux fils de 9 et 5 ans en sont atteints. Pourtant, le plus jeune n'a jamais mangé de poisson, mais sa mère précise qu'elle-même a mangé du poisson quand elle était enceinte de lui. Elle pense que son bébé a absorbé tout le mercure qu'elle a mangé et que c'est la raison pour laquelle elle-même n'est pas malade.

À l'époque, tous les médecins et scientifiques croient que le placenta ne laisse passer aucun poison jusqu'au fœtus. Or, avec la maladie de Minamata, on découvre tardivement que le mercure est capable de franchir non seulement la barrière placentaire, mais aussi la barrière hémato-méningée. Il est donc responsable non seulement de l'empoisonnement des adultes, mais aussi des difformités et symptômes nerveux chez les enfants (comme chez les animaux).

« Finalement, dans cette tragédie de la maladie de Minamata, les chats ont été sacrifiés par les hommes [...] sur l'autel de leurs ambitions. Le suicide des chats de Minamata, cette façon de mourir en proie à la folie, c'était un miroir, un symbole de l'avenir de l'humanité », a témoigné le professeur Harada dans un documentaire sur Arte. À Minamata, un mémorial honore la mémoire des victimes de la maladie, et une stèle a également été élevée à la mémoire des dix mille chats empoisonnés, ou sacrifiés pour la recherche. C'est le seul endroit au monde, à notre connaissance, où un tel hommage leur a été rendu.

Une sentinelle pour les pollutions intérieures

Le tabagisme n'est pas la seule pollution qui peut intoxiquer nos chats. Les publications se multiplient montrant que l'exposition répétée aux PFAS, PFOS et PFOA[43], qui papillonnent dans nos maisons, a aussi vraisemblablement des effets redoutables sur la santé des chats. On trouve ces composés un peu partout : dans l'eau, les produits nettoyants de moquette, les revêtements textiles, les poussières domestiques. On constate le même phénomène avec les retardateurs de flamme (PDBE : produits chimiques ignifuges pour réduire l'inflammabilité qu'on trouve dans de très nombreux produits de consommation, meubles, etc.) qui les contaminent silencieusement.

Les publications sur la forte augmentation de la prévalence de l'acromégalie chez le chat (dont les os, notamment de la face, grandissent), du diabète, dont elle fait le lit, de l'hyperthyroïdie, etc., formulent désormais l'hypothèse des perturbateurs endocriniens (PE). Ce n'est plus la dose seule qui fait le poison, mais la répétition de l'exposition à des doses infimes. À tel point que le chat pourrait être, comme pour le tabagisme passif et ultrapassif, une sentinelle impuissante, mais fiable de la qualité ou de la pollution de nos foyers.

La qualité de l'air intérieur dans nos habitations est essentielle pour nous, mais encore plus pour nos chats. Une étude taïwanaise de 2018[44] a mesuré sur deux cent trente chiens et cent dix-huit chats le pourcentage en particules fines (PM2,5) dans cinq endroits différents du logement, à hauteur des animaux. Un lien significatif entre la présence de particules fines dans l'air intérieur et des troubles respiratoires des chats a été identifié, ce qui n'est pas le cas pour les chiens. Une autre étude[45] a montré que la présence de fumeurs au foyer réduisait les avantages de la présence d'animaux de compagnie sur le risque d'atopie (prédisposition aux allergies) chez le jeune enfant, ce qui souligne les effets délétères de la cigarette.

Un masque pour changer la litière

Fumée, produits d'entretien, particules fines et probablement litière pour chat ne sont pas bons pour nos poumons. Dans une récente étude américaine[46] portant sur treize mille sept cent vingt-cinq personnes de plus de 19 ans, suivies de 1988 à 1994, le fait d'avoir un chat est associé à un risque de développer un cancer des poumons moindre pour les hommes, plus élevé pour les femmes. Dans cette même étude, le risque global de développer un cancer pour les femmes ayant un chat est multiplié par 2,85 (et 2,67 pour celles qui ont un oiseau) par rapport aux non-possesseurs. Le risque pour un propriétaire d'animaux de compagnie de développer un cancer colorectal est multiplié par 2,83 (2,67 pour les femmes ayant un chat, 0,89 pour les propriétaires ayant un chien sans qu'aucun lien de causalité puisse être formellement identifié[47]). On sait que le cancer colorectal est plus fréquent chez les personnes sédentaires et ayant de faibles revenus. Dans les enquêtes américaines, le fait d'avoir un chat est souvent associé à des revenus économiques plus modestes qui ont fatalement une incidence sur la qualité nutritionnelle et les soins médicaux des propriétaires. Une étude[48] menée en 2016 n'avait trouvé aucune augmentation du risque de survenue de cancer chez les femmes propriétaires d'animaux de compagnie. L'hypothèse la plus vraisemblable est celle de contaminants cancérigènes, lors de la manipulation de la litière par les femmes, qui sont les plus à risque avec la charge des tâches ménagères. Le port des gants et d'un masque est donc à recommander pour faire le ménage de la maison et des bacs à litière.

Chats antivieillissement

Vieillir n'est pas une maladie, mais garder une bonne santé et une autonomie en prenant de l'âge est un art, voire un défi. Les troubles cognitifs et la démence, qui peuvent faire partie de nos frayeurs à l'aube de notre vieillesse, sont une réalité difficile non seulement pour les couples qui sont encore à leur domicile, mais aussi pour ceux qui vivent dans une maison de retraite ou une institution médico-sociale. Un certain nombre de recherches se sont intéressées aux effets potentiels de la présence des animaux de compagnie auprès des personnes âgées, qu'elles soient en bonne santé apparente ou qu'elles souffrent de maladies neurodégénératives (maladie d'Alzheimer et apparentées).

Après 70 ans, perdre sa mobilité, rester confiné dans sa maison ou son appartement, sont des facteurs favorisant l'isolement social, la dépression, et l'inflammation chronique, qui met nos articulations à rude épreuve. Une étude[49] menée auprès de quatre-vingt-huit personnes âgées de plus de 75 ans a identifié les différences psychomotrices entre celles qui avaient des animaux de compagnie (chats, chiens, chats et chiens ou autres animaux) et celles qui n'en avaient pas. Toutes ces personnes habitaient en zone rurale, avaient de faibles revenus et, puisqu'elles avaient des problèmes de motricité, leurs repas leur étaient apportés chaque jour. Les maîtres très attachés à leur animal de compagnie ont montré un niveau plus élevé d'exécution de tâches complexes (planification, flexibilité mentale, résolution de problèmes, etc.) que les personnes sans animaux. Aucune différence n'a été montrée entre les propriétaires de chat ou de chien.

Une autre étude[50] menée en 2018 au Japon – pays où avoir un chat ou un chien reste rare – auprès de plus de onze mille adultes de plus de 65 ans a montré que la présence d'un chat ou d'un chien, sans différence entre les deux, avait un effet bénéfique modéré sur l'isolement social et plus important sur les interactions avec les voisins, dans lesquels les propriétaires d'animaux avaient toute confiance. Le niveau de bonheur ressenti par les propriétaires japonais de chat ou de chien était significativement supérieur aux non-possesseurs. Dans cette étude, seule la présence d'un chien améliorait significativement l'activité physique des propriétaires.

L'étude menée par Pruchno *et al*[51] aux États-Unis s'est attachée, quant à elle, à savoir s'il y avait vraiment une différence entre les propriétaires de chien et de chat dans la nature de leur relation avec leur animal. Deux types de relations s'opposent : la relation complémentaire, additive aux relations humaines, et celle dite hydraulique, la relation à l'animal de compagnie venant compenser une carence en relations humaines. L'étude démontre que la relation avec le chien est plus de nature hydraulique, donc compensant un manque de soutien relationnel, alors que la relation au chat est plus de nature complémentaire. L'étude a aussi évalué des paramètres souvent négligés, le niveau de revenus et celui d'éducation, tous plus élevés pour les propriétaires de chien seul (ou de chien et de chat ensemble).

Cependant, la force de l'attachement entre les personnes âgées et leur animal de compagnie n'a pas été mesurée, pas plus que leurs caractéristiques psychologiques. Évaluer sévèrement la qualité de son vieillissement, quand on souffre de plusieurs maladies chroniques et qu'on a un chat est peut-être la conséquence d'une grande lucidité – le chat est un animal de compagnie moins contraignant qu'un chien –, d'une situation économique plus fragile que celle des propriétaires de chien (ou d'un chien et un chat). Aucune donnée n'a été recherchée sur la qualité de l'alimentation des personnes, qui est un des paramètres cruciaux de la santé des personnes âgées et témoigne également du pouvoir économique. La présence du chat auprès de personnes âgées ayant moins de moyens que les autres ne peut tout compenser. Il est indispensable que les chercheurs analysent plus finement leurs études, chaque couple humain-chat étant singulier.

Si la présence d'un chat est bénéfique, un grand nombre de personnes âgées hésitent à prendre un animal pour les dix ou vingt ans à venir. Une récente enquête[52] menée auprès de personnes âgées (en moyenne de 76 ans) aux États-Unis a montré que la chance d'être toujours propriétaire d'un chat diminue par 8,3 pour chaque année de plus. Dans cette étude, ce sont plus les couples que les personnes âgées vivant seules qui ont un chat. La grande question que beaucoup de seniors et grands seniors se posent est celle de l'avenir de leur animal après leur disparition. Beaucoup renoncent à s'offrir le plaisir d'être une dernière fois l'humain de courte compagnie d'un chat pour ne pas prendre le risque que leur chat soit conduit dans un refuge. Pourtant, des solutions existent, grâce à la famille ou au voisinage. Ainsi Milord, bel européen de 5 ans, a deux familles : son octogénaire pétillante, qui voyage encore, et une famille marraine, qui l'accueille pour les vacances et les week-ends et lui assurera le vivre, le couvert et l'affection quand son octogénaire préférée tirera sa révérence, donc le plus tard possible. Milord a autant d'affection pour ses deux familles, est un habitué de sa cage de transport, de la voiture, du train, et il prend plaisir à aller de l'une chez l'autre. Depuis l'accident vasculaire cérébral de son parrain, il a pris très à cœur son rôle de coach pour sa rééducation, au point que lorsqu'il est présent, le malade trouve tout beaucoup plus facile à dire et à faire.

La plus récente des méta-analyses[53] (publication qui fait la synthèse et l'analyse des articles scientifiques, selon leur pertinence et la force de la méthodologie) sur le rôle des animaux de compagnie en santé humaine, en particulier celle des personnes âgées, a recensé cent quarante-cinq publications. Celles-ci ont étudié soit la présence d'animaux de compagnie au domicile des personnes âgées, soit la visite d'animaux de compagnie, dans le cadre de médiation animale, d'activités assistées par les animaux, voire la présence de mascottes dans les maisons de retraite ou institutions médicales. Les bénéfices sur la santé se répartissent à peu près autour des mêmes axes que pour la population générale, avec une contribution importante sur l'activité physique (grâce essentiellement aux chiens, les mieux étudiés dans ce domaine), sur l'isolement social, la dépression.

L'une des carences évidentes[54] de l'ensemble des études, c'est qu'elles sont souvent fondées sur des questionnaires d'autoévaluation des personnes à un moment donné. Il manque donc la dynamique d'évolution au fil du temps, ce que certaines études, plus récentes commencent à intégrer. La jeunesse de la discipline et des recherches, tout comme l'interaction biologique entre l'animal et l'humain sont des paramètres différents de ceux utilisés dans les études sur des médicaments. Comprendre, étudier et analyser ces interactions exige de développer des méthodes, des modèles biopsychosociaux que la discipline commence à mettre en place.

Quand la démence vient avec l'âge

Un des grands problèmes de la population vieillissante actuelle est la maladie d'Alzheimer, et plus généralement les troubles cognitifs dont peuvent souffrir les personnes âgées. Les chats peuvent-ils aider ces femmes et ces hommes désorientés ? Une étude américaine[55]s'est intéressée à des couples et a interrogé soixante femmes dont le mari était atteint de troubles cognitifs. Trente et un avaient un chien, vingt avaient un chat, et neuf avaient les deux. Pour la majorité d'entre eux, la relation avec leur animal de compagnie est restée la même, mais, lorsqu'un changement s'est produit, il a surtout été positif. « La relation de mon mari avec notre chat est devenue plus forte », témoigne l'une d'elles. Une autre ajoute : « Les chats lui tiennent compagnie quand je ne suis pas à la maison, et ils sont toujours à ses côtés. » Chats et chiens assurent au foyer un soutien inconditionnel, fonctionnant même comme des GPS quand il faut localiser le mari. Certains maris se sont apaisés à partir du moment où le couple a adopté un chat.

Plus de 40 % de ces couples avaient un animal de compagnie, pourcentage un peu supérieur à la moyenne nationale américaine. Ce qui témoigne du fait que les bénéfices et le soutien silencieux et fidèle apportés par les animaux au foyer sont bien supérieurs à la charge que peut représenter leur entretien. Certaines des femmes, mobilisées par l'assistance à leur mari, ont cependant dit ne plus pouvoir consacrer tout le temps voulu à leurs animaux. Mais que chats et chiens soient leur ombre ou celle de leur mari, ils apportent chacun une aide qu'un proche humain n'arrive pas à donner de façon aussi bénévolente, à plein temps.

Des chercheurs suédois n'ont pu s'empêcher de mécaniser le chat en testant pendant sept semaines un robot-chat[56] auprès de dix-huit patients déments, comme l'avait fait une première équipe en 2001[57] avec un simple jouet en forme de chat. L'intérêt d'un robot est de pouvoir être conforme aux normes de sécurité et d'hygiène dans des services de gériatrie. Et il est insensible à des gestes qui peuvent être brusques de la part des malades. JustoCat®, un robot de 3 kg, de la taille d'un chat, ronronne quand il est caressé et peut miauler, ce qui rend sa présence interactive et valorisante pour les malades.

Les soignants comme les proches de malades atteints de démence ou de maladie d'Alzheimer ont estimé que le bien-être des patients avait augmenté, qu'ils étaient apaisés en présence du robot qui les aidait à communiquer. Pour certains patients, JustoCat® a permis l'émergence de souvenirs.

Une équipe danoise[58] a voulu comparer ensuite la visite auprès d'un malade dément d'une personne accompagnée d'un chien, d'une peluche chat ou d'un robot-phoque. Au total, cent patients ont reçu chacun douze visites, filmées et analysées. Plus les malades étaient atteints, plus ils ont engagé d'interactions avec l'animal (vrai ou faux), ignorant l'humain qui l'accompagnait. C'est cependant le chien en premier puis le robot phoque qui ont généré le plus d'interactions (physiques, regards, paroles), la peluche chat n'étant pas aussi efficace.

À vouloir mécaniser et plagier le vivant, on se prive toutefois de tout ce qui fait le charme d'un véritable chat : sa chaleur, sa douceur et son imprévisibilité à venir faire des câlins.

Bienfaits émotionnels

Contre l'isolement social

La notion de soutien social peut sembler anodine alors que le mot « solitude » pèse lourd dans nos représentations mentales. Pourtant, pour notre santé physique et mentale, le soutien social positif que nous apporte notre famille (conjoint, parents) permet une augmentation non négligeable de notre espérance de vie. La stabilité et la régularité du soutien émotionnel de notre entourage ont des conséquences bénéfiques sur notre physiologie. Le chat, membre de la famille à part entière, participe pleinement à ce soutien social. Les études montrent combien l'animal de compagnie est véritablement plus que notre meilleur ami et parfois, dans certaines situations, plus efficace qu'un conjoint. Le soutien social a une influence sur le niveau de stress (évalué par le dosage des catécholamines, dont l'abréviation est CAT, ça ne s'invente pas !), la qualité de la relation du couple retentissant sur celle de la fonction cardio-vasculaire, la pression artérielle, mais peu sur le niveau de cortisol. Une union harmonieuse permet un fonctionnement optimal du système immunitaire, un niveau d'inflammation moindre et une activation des zones de récompense dans notre cerveau.

Ainsi, après un stress, entendre sa mère au téléphone ou lire ses textos d'encouragement, favorise chez l'enfant, l'adolescent ou l'étudiant la sécrétion d'ocytocine, donc leur permet d'apaiser le stress ressenti. Un père ou une mère tendre avec son enfant active sa production d'ocytocine, ce qui l'apaise et le réconforte[59].

Le chat a l'art, dans la vraie vie, de comprendre nos peines et chagrins et de venir nous témoigner son affection sans un mot. Dans les moments de découragement, lors de traitements lourds, c'est auprès de lui qu'on s'autorise des larmes pour ne pas craquer devant sa famille, et sa compréhension silencieuse et fraternelle nous est précieuse. Il peut donc y avoir une véritable association de bienfaiteurs entre deux êtres, vivant ensemble, en harmonie dans un amour partagé, avec le système de l'ocytocine qui renforce leur lien mutuel tout autant qu'elle protège leur santé physique et mentale. Il reste aux chercheurs dans le domaine de la santé à systématiquement accepter d'inclure dans leur définition de notre entourage ces compagnons si familiers que sont le chat et le chien et qui peuvent, mieux que quiconque, nous faire des câlins sans modération !

Disposition génétique aux relations sociales, chez les chats aussi

Du point de vue génétique, nous ne sommes pas tous égaux, et la nature dote les uns et les autres, sans frontière entre les espèces, de fantaisies qui stimulent nos systèmes ou au contraire qui les ralentissent un peu. Ce qui est vrai pour les humains en général peut ne pas l'être pour tel individu, et il en est de même chez les chats. Ainsi, au Japon, les chercheurs[60] ont récemment identifié sur le gène des récepteurs de l'ocytocine cinq nouveaux microsatellites, pour lesquels des corrélations avec le caractère des chats ont pu être démontrées. Ce gène joue un rôle essentiel dans le développement de la capacité d'établir des relations et d'avoir des comportements sociaux, donc façonne l'expression des traits de personnalité propres à chaque individu.

L'ADN de cent chats de gouttière (travaillant dans des bars à chats ou vivant chez des particuliers) et de quarante chats de race a été examiné pour le gène des récepteurs à l'ocytocine. Le profil comportemental des chats a été établi en fonction de quatre grandes tendances (ouverture, convivialité, brutalité/rudesse, neuroticisme). Les chats de gouttière japonais sont ainsi plus conviviaux et amicaux que les chats de race. Globalement, comme dans d'autres études, les mâles sont plus amicaux, les femelles et les chats stérilisés moins.

Avec la génétique, il convient cependant de rester prudent puisque ce n'est pas parce qu'on naît avec des gènes prédisposant à certaines maladies ou à certains traits psychologiques qu'on les exprime automatiquement au cours de sa vie. L'épigénétique nous a appris que la qualité ou les défauts de l'environnement pouvaient changer du tout au tout notre humeur et la manifestation de certaines maladies.

Le soutien social est l'antidote à la solitude, que les psychologues qualifient également d'isolement social. Or les psychologues se sont aperçus, comme tout un chacun, que les animaux de compagnie étaient, comme leur nom l'indique, des compagnons, membres de la famille. Allen McConnell et Christina Brown[61] ont conduit plusieurs études sur des êtres humains ne souffrant d'aucune maladie particulière pour vérifier les bénéfices de la présence des animaux de compagnie dans la vie de tous les jours. Leurs conclusions soulignent que les propriétaires d'animaux de compagnie ont une meilleure estime d'eux, se sentent moins seuls et tendent à pratiquer plus d'exercice physique que les non-propriétaires. Ils ont également plus souvent un style d'attachement évitant, appréciant l'autonomie. Ils sont plus consciencieux et extravertis, moins craintifs et moins préoccupés, donc sont globalement en meilleure santé que les non-propriétaires.

Ce qui est intéressant, c'est que les chercheurs ont pu montrer que les propriétaires d'animaux de compagnie sont aussi proches des humains que les non-propriétaires, donc que l'affection qu'ils portent à leurs animaux ne nuit pas à celle portée aux humains, mais constitue véritablement une extension, un élargissement du périmètre relationnel. Le soutien social qu'apportent les animaux de compagnie, notamment les chats auprès des personnes âgées, est indépendant de celui que fournit l'entourage humain proche.

Dans une étude plus expérimentale, les chercheurs ont convié les propriétaires d'animaux de compagnie dans leur laboratoire pour les soumettre à des tests qui consistaient à les placer en situation artificielle d'isolement social, donc de stress, en leur demandant ensuite de penser à leur animal de compagnie, pour voir si cela diminuerait le stress et le sentiment de rejet social temporaire ressenti. Le graphique résumant les résultats est éloquent, l'effet animal de compagnie est stupéfiant, à la hauteur de l'attachement réciproque : le seul fait d'écrire et de penser à son animal de compagnie neutralise significativement le stress causé par ce grand moment de solitude !

Le chat catalyseur de rencontres

Si le chien est bien connu pour susciter des rencontres lors des promenades quotidiennes qui lui sont nécessaires, les chats ont une façon bien à eux de permettre à leurs humains de compagnie de nouer des relations avec leurs voisins. Certains chats se sont illustrés dans le vol de chaussettes, dans les salles de bains ou sur les étendoirs pour les plus souples. Une façon de pousser leur maître à faire connaissance avec ses voisins, pour leur rendre leurs biens ! Ainsi, Billy, chat roux tigré et blanc de 12 ans, avait défrayé la chronique en rapportant chez lui les chaussettes des différents voisins de sa rue. L'un d'eux finit par avoir la brillante idée de mettre dans l'une d'elles, laissée bien en évidence à côté des chaussures, un Post-it avec son numéro de téléphone, ce qui lui valut d'être appelé par son voisin, indifférent jusqu'alors au fait de voir de nouvelles chaussettes arriver chez lui !

Une enquête[62] menée auprès de plus de six cents propriétaires de chiens et de chats aux États-Unis et en Australie en 2015 a confirmé que les chiens n'étaient pas les seuls à permettre de briser la glace avec ses voisins et à nouer des relations amicales. Les animaux de compagnie participent activement à la vitalité du tissu social des quartiers. La présence d'un chat sur le seuil de la maison ou sur les marches du jardin est souvent l'occasion de faire connaissance. Si votre chat commence à aller jardiner à sa manière chez vos voisins, vous pouvez mettre en pratique la communication non violente, surtout si vous découvrez que vous habitez à côté d'un individu qui n'aime ni les chiens ni les chats… Un grand moment de solitude parfois, un bel exercice de bricolage également en perspective pour faire en sorte que votre chat préfère jardiner dans votre potager plutôt qu'ailleurs ! La liberté des chats ne reconnaît généralement pas les limites fixées par les actes de propriété sur les cadastres. Ce que la loi française a compris en les autorisant à vagabonder dans un périmètre de 200 m autour du lieu d'habitation.

Dans les immeubles, il n'est pas rare que les paliers soient transformés en aires de jeux pour certains chats curieux et taquins. Tout dépend des caractères des uns et des autres. Et il y a souvent une bonne âme, à qui vous pouvez ensuite rendre la pareille, qui se propose de garder vos chats lorsque viennent les vacances. Attention quelquefois aux représailles de votre chat résident, qui est susceptible d'être offensé par les odeurs suspectes que vous rapportez matin et soir, après être allé vous occuper des chats de vos petits voisins du cinquième. Ainsi, Pacha avait du mal à partager sa « maman » et le lui disait d'une façon bien arrosée… Elle a vite appris à se laver les mains avant de rentrer chez elle, pour effacer tout indice olfactif, même si Pacha n'était pas complètement dupe !

Rencontres virtuelles avec le chat

Sur Internet, les chats se sont taillé la part du lion depuis quelques années. Des vidéos et des photos de chats sont publiées et vues un nombre incalculable de fois. Loin d'être des démotivateurs lorsque nous travaillons sur notre ordinateur, leurs apparitions améliorent notre attention, sollicitent le meilleur de nous-mêmes – notre compassion –, ce qui nous permet de poursuivre de meilleure humeur.

Et les animaux en disent long sur notre personnalité. En effet, dans une étude[63] portant sur plus de soixante-dix mille utilisateurs anglo-saxons de Facebook et deux mille cinq cents tweets de citoyens américains, la différence est très significative sur Twitter selon que l'on met des images de chats ou des images de chiens. La franchise et l'ouverture à l'expérience, l'originalité sont le propre de ceux qui mettent des photos de chats dans cette étude, alors que l'extraversion caractérise ceux qui mettent des photos de chiens.

Côté cœur, sur les sites de rencontre, la mention d'un animal de compagnie revêt plus d'importance pour les célibataires femmes que pour les hommes en quête de l'âme sœur. Selon une enquête américaine[64] menée auprès de plus de mille deux cents personnes, lors du premier rendez-vous, les femmes trouvent beaucoup plus important que les hommes la façon dont la personne se comporte avec son animal de compagnie, particulièrement pour les propriétaires de chiens. De la même façon, les femmes estiment que le choix d'un animal de compagnie en dit beaucoup sur la personnalité des individus, alors que les hommes sont très partagés sur le sujet. Ils le sont aussi, équitablement, sur le fait de ne pouvoir accepter un rendez-vous avec quelqu'un qui n'aime pas les animaux, alors que, sur ce point, les femmes sont majoritairement d'accord.

Les propriétaires de chien disent avoir été influencés par le fait que l'autre était aussi propriétaire, ce qui est moins net chez les propriétaires de chat. Savoir que l'autre est une *cat person* alors qu'on a un chien, et inversement, est également un handicap dans la promesse d'un rendez-vous. D'une façon générale, le célibataire propriétaire d'un chat est plus tolérant sur le profil pour une rencontre que le propriétaire de chien, mais les femmes sont plus exigeantes dans le choix d'un futur partenaire que les hommes. La mention « animal de compagnie » du futur partenaire est clairement déterminante ; ce qui a d'ailleurs été bien compris par les hommes qui avouent (contrairement aux femmes) avoir utilisé leur animal de compagnie pour draguer ! Dans cette étude, comme dans de nombreuses autres, le chat apparaît comme l'animal de compagnie le plus populaire.

Réconfort contre la discrimination

Même si actuellement 20 à 43 % des jeunes de 18 à 34 ans, en Angleterre ou aux États-Unis se définissent comme LGBTQ ou non strictement hétérosexuels[65], les personnes LGBTQ souffrent encore globalement d'importantes oppressions quotidiennes : violences, ostracisme, jugement négatif et rejet. L'amour inconditionnel de leurs animaux de compagnie les console et les réconforte face à l'homophobie et au manque de bienveillance de certains humains. Une récente enquête australienne[66] a permis de vérifier que les animaux de compagnie avaient une fonction importante pour la santé mentale des femmes homosexuelles comme des femmes hétérosexuelles, ce dont certains médecins sont conscients. Ainsi, il arrive aux psychiatres et aux psychologues d'interroger leurs patientes sur l'état de santé de leur chat ou de leur chien, qui est un indicateur de leur état de santé à elles. Le fait que le professionnel de santé prenne en compte l'animal de compagnie de ses patientes renforce la confiance des patientes envers leur thérapeute, et elles se sentent en sécurité pour parler. Au contraire, pour elles c'est un véritable problème lorsque le médecin n'en parle pas ou sous-estime le rôle de l'animal de compagnie.

Pouvoir venir éventuellement avec leur animal de compagnie chez leur thérapeute est particulièrement important pour elles. Alors que les propos tenus par son psychologue n'ont fait que déprimer encore plus celle qui les a entendus : « Si vous n'êtes même pas capable de vous prendre en charge, comment pouvez-vous prétendre prendre soin d'une autre créature ? » Ce fut odieux à entendre, dit-elle : « Avoir un animal de compagnie auprès de moi est ce qui me donne, ou ce qui m'a donné, les raisons de me battre justement… ». Chez les vétérinaires, ces femmes sont généralement très bien accueillies, sans aucune réflexion ni jugement de valeur sur leur vie privée. « Même pas un battement de cils », dit l'une d'elles, personne transgenre, y compris après avoir changé d'état-civil[67]. « Le véto a été génial, il n'a jamais tiqué sur le fait que nous étions en couple.

Quand nous avons dû faire euthanasier notre chat, il a juste été fabuleux. Vraiment très attentionné, comme son personnel, pour chacune de nous deux, sans aucun malaise », témoigne une femme bisexuelle.

La fonction de soutien social est encore plus accentuée pour les personnes LGBTQ de plus de 50 ans, et pour celles et ceux qui sont également atteints par un handicap, ou bénéficient d'un réseau social restreint. Leurs animaux de compagnie font vraiment partie de leur famille, comme des enfants. En témoignent toutes celles et tous ceux ayant participé à cette étude américaine[68] (*voir encadré*).

“ Témoignages

Gabriel, 69 ans, gay, raconte à propos de ses deux chats : « Je les adore. Ils m'apportent un soutien formidable et nous prenons soin les uns des autres. Quand j'ai des montées d'anxiété, que je suis triste, ou que je pleure, ils sont à mes côtés. Ils s'assurent d'être vraiment présents avec moi. Je ne pourrais pas m'imaginer dans mon environnement quotidien sans mes deux potes avec moi. Je suis heureux de rentrer à la maison. Je leur parle comme s'ils étaient des gosses. Je leur dis quand je vais rentrer, ou si je serai plus long. Je m'excuse si j'ai oublié de faire quelque chose. »

Cynthia, 65 ans, lesbienne, déclare : « J'aurais été si déprimée si je n'avais pas eu mon chat. »

Autisme : l'enfant et son chat font la paire

Tous les chats sont Asperger, magnifique petit livre[69] paru en 2006, décrivait les symptômes d'enfants atteints du syndrome d'Asperger et les illustrait de photos de chatons dont les comportements et les attitudes correspondaient au texte, comme un miroir. Bien que les chats soient certainement parmi les moins sollicités dans les institutions françaises pour aider les patients atteints d'autisme (seulement 5,2 % contre 79,7 % de chevaux et 25,9 % de chiens, selon une étude française[70]), ils ont une véritable affinité avec les jeunes enfants autistes, comme le constatent les parents et le révèle une publication américaine.

Les parents d'enfants autistes trouvent souvent beaucoup de qualités aux chats, qui leur imposent moins de contraintes quotidiennes que les chiens : aucune obligation de les accompagner dehors, ni de faire de l'exercice régulièrement, une caractéristique comportementale des chats et un style de vie qui s'accordent bien avec les enfants autistes (c'est vrai aussi pour les patients atteints du VIH). Une psychologue américaine de l'université de Davis en Californie, Lynette Hart, a mené une enquête[71] auprès de soixante-quatre parents ayant au moins un enfant autiste âgé de 5 à 12 ans et un chat adulte. Une première enquête sur Internet a permis de comprendre les relations entre l'enfant et le chat et de valider une grille d'évaluation. Dans les deux tiers des cas, l'enfant autiste est un garçon. Les chats étaient majoritairement des chats domestiques, bien socialisés. Parmi eux, 78 % étaient décrits comme relativement affectueux, dont 30 % très affectueux, ces derniers l'étant particulièrement avec l'enfant autiste et moins avec les adultes, comme si le chat avait choisi « son » enfant. Ces chats présentaient des niveaux d'agressivité très bas.

Le temps d'interaction entre enfant et chat était d'une à deux heures par jour, avec 25 % des chats qui dormaient dans la chambre de l'enfant. Les chats les plus affectueux étaient les plus jeunes (moins de 2,5 ans) ainsi que les chats de race ou les chats adoptés par hasard plutôt que ceux choisis dans un refuge. D'une façon générale, les chats ayant été adoptés chatons par la famille sont ceux qui se sont montrés les plus affectueux avec l'enfant atteint d'autisme.

La majorité de ces familles ont été interrogées par l'équipe de Lynette Hart, ce qui a permis de mieux décrire ces interactions. La description que les parents font des relations entre l'animal et leur enfant sont éloquentes. D'abord parce que 50 % des plus atteints parlent ou lisent avec leur chat (91 % pour les autistes moins atteints et 88 % pour ceux présentant les formes typiques), ce qui est un progrès considérable pour ces enfants qui parlent peu ou pas. « Les seuls moments où nous l'entendons parler spontanément c'est quand il interagit avec son chat. » Ensuite parce que les parents témoignent que la présence du chat calme leur enfant, que celui-ci le recherche. Ils décrivent le chat comme calmant, aimant, apaisant, protecteur, un véritable ami ou un gardien. « Le chat est un amoureux (*lover*), pas un bagarreur, il est très tolérant », « très bienveillant ». « Le chat est son thérapeute. » « Mon enfant est très fier du lien spécial qu'il a avec le chat. » L'enfant, également interrogé, va dans le même sens : il décrit son chat comme aimant, amoureux, avec lequel il a un lien fort.

Une étude américaine[72] de 2015 a montré pour la première fois que, chez les adolescents autistes, la vision de visages d'animaux (des chats et des chiens) active normalement les circuits cérébraux de la relation, alors que celle de visages d'humains non familiers désactive ces circuits. Le regard et l'expression d'un animal de compagnie et celui d'un humain n'auraient pas la même signification pour ces adolescents, les visages d'animaux de compagnie étant plus gratifiants du point de vue social, l'animal n'évoquant aucun jugement.

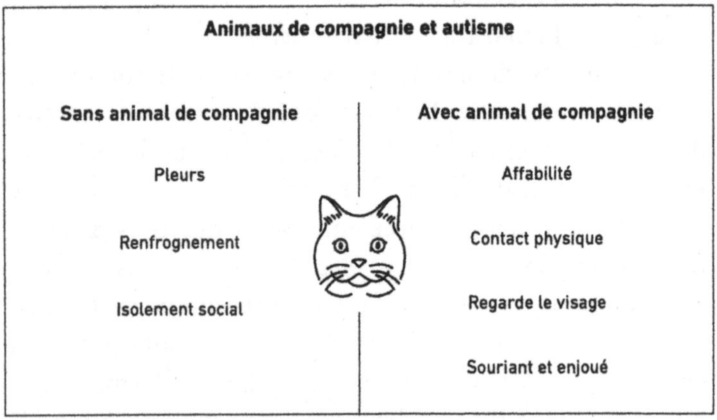

Animaux de compagnie et autisme

Chats et dépression

Les états dépressifs se caractérisent par des baisses d'activité, des idées noires, un repli sur soi. Dans une étude suisse, Gerulf Rieger et Dennis Turner[73] se sont rendus au domicile de quarante-sept femmes et quarante-neuf hommes dépressifs, vivant seuls, avec un ou deux chats.

L'étude a montré globalement que les chats diminuaient les émotions négatives mais n'augmentaient pas la bonne humeur. Plus la personne disait être d'humeur dépressive, plus les chats avaient tendance à venir se frotter les flancs et la tête contre elle. Il semble que les chats soient capables de détecter soit des microsignaux de notre part (regard, amplitude du geste), soit des odeurs qui leur parlent bien mieux que les mots.

Les personnes d'humeur dépressive avaient moins d'intentions d'interactions que les autres, mais de façon surprenante elles ont été à l'origine de plus d'interactions imprévues, auxquelles les chats ont donné suite. La discordance entre l'intention et l'action n'est finalement pas si paradoxale que cela pour les auteurs de cette étude. Ce n'est discordant qu'au regard de ce qui se passe entre deux humains : face à quelqu'un de déprimé qui dit n'avoir rien envie de faire, nous n'insistons pas vraiment. Mais en fait le désir de communiquer est immense et peut survenir n'importe quand et sans l'avoir prémédité ni annoncé. Les chats y répondent et sont même parfois à l'origine du contact, sans aucun jugement. Ce qui chez l'humain paraît très impoli (puisque contradictoire) ne l'est pas pour les chats, qui se comportent d'une façon relativement égale avec leur humain de compagnie.

L'humeur dépressive des propriétaires n'est pas améliorée par une interaction plus fréquente avec le chat, mais par le fait que le chat répond à l'interaction, dans une synchronicité stimulante que Dennis Turner a appelée *meshing* (maillage). Une belle harmonie, peut-on dire, et une véritable affection partagée !

De véritables soutiens pour les patients psychiatriques

Le réconfort apporté par un chat à un patient atteint d'une maladie mentale tient à la fois à sa présence, à ses qualités émotionnelles et à son élan vital, souvent contagieux pour le patient.

La psychologue américaine, Jennifer Wisdom, a mené avec son équipe une étude qualitative auprès de cent soixante-dix-sept patients dont la maladie mentale a été stabilisée. Dans cet échantillon, une plus grande proportion de personnes atteintes de troubles bipolaires ou de personnes atteintes de psychoses que de personnes schizophrènes a été identifiée parmi les propriétaires d'animaux de compagnie, ainsi que des patients présentant, en plus de leur maladie mentale, une addiction ; les propriétaires d'animaux de compagnie étaient moins hospitalisés que les non-propriétaires. Les chats, qui sont des bipolaires comme les autres, ne seront pas étonnés de ce constat ! Mais, au-delà de ces résultats, cette publication conclut que les patients aujourd'hui stabilisés étaient à la fois plus atteints et mieux entourés socialement, avec un entourage non humain tellement vivant et fraternel, qu'ils décrivaient leurs animaux comme « thérapeutiques », les aidant à renouer des relations sociales avec les humains.

Les témoignages présentés dans cette étude insistent tous sur « l'amour inconditionnel des animaux de compagnie », sur les qualités d'empathie des animaux qui ont été ressenties.

« Quand j'étais déprimée, elle venait se coucher sur le lit, juste à côté de moi et mettait sa patte sur moi et je n'avais même pas à lui dire que j'étais déprimée, elle le sentait[74]. »

Pour les patients souffrant de maladies mentales, les animaux de compagnie peuvent être également une passerelle, un pont avec le monde extérieur qu'ils rechignent à fréquenter.

« Quand j'ai emménagé ici, les deux premières années je n'ai vraiment rencontré personne, et puis à partir du moment où j'ai pris mon chat j'ai commencé à me sentir mieux, ouverte, avec le désir de rencontrer des gens qui est revenu. Il m'a juste ouvert la porte au monde d'une certaine façon[75]. »

Pour ces personnes – même si elles sont entourées et ne vivent pas seules –, leur animal de compagnie est un membre de la famille à part entière, comme un enfant ou un adulte.

Enfin, Jennifer Wisdom souligne qu'au-delà de l'empathie et de la reconnexion apportées avec le monde, la vie et la famille élargie, les animaux de compagnie rendent aussi au patient l'estime de soi dont la maladie l'a tant privé. « Ma meilleure qualité est mon amour des animaux et la façon dont je m'en occupe… À part ça, je n'ai rien, je n'ai rien d'exceptionnel[76]. » Même confrontés à des deuils, certains malades, propriétaires d'animaux, arrivent à trouver de la joie au-delà de la douleur de la perte et du chagrin.

Cette étude, comme les autres, met en évidence que la présence animale ne vient pas compenser un manque d'entourage ou de compagnie, de soutien humain, mais qu'elle apporte des formes complémentaires de soutien aux malades, qui se révèlent importantes pour eux et qu'il faut pouvoir rendre possibles. L'animal de compagnie, chat ou chien, permet une relation réciproque, ce qui est essentiel pour les personnes atteintes d'une maladie mentale et qui n'ont pas toutes les revenus et l'autonomie que donne la vie active. Avec un chat, on voit que nous comptons pour lui autant qu'il compte pour nous, et cette réciprocité affective n'a pas de prix.

« Ce que les chats m'ont appris

En plus de trente années de recherches sur le comportement du chat domestique et des relations entre le chat et l'humain, j'ai appris des choses intéressantes personnellement, par exemple pour mon propre comportement et tempérament !

Les chats qui ont été originellement socialisés avec les humains sont très réceptifs aux désirs d'interactions de leurs gardiens : si la personne veut plus d'interactions, le chat l'accepte (même si c'est le chat qui décide de la durée de cette interaction) ; si la personne veut moins d'interactions, le chat l'acceptera également. Ma recherche m'a donc montré que si quelqu'un attend que le chat vienne à lui, plutôt que de le solliciter, les interactions dureront plus longtemps et seront plus satisfaisantes. C'est ainsi que j'ai appris à être patient et tolérant avec les désirs de mes semblables.

J'ai aussi montré que les relations entre les chats et les humains sont de véritables relations sociales, où l'on donne et l'on reçoit. Si tu me rends service, je te rends service. C'est un partenariat entre deux êtres qui s'éduquent et se récompensent mutuellement. Les renforcements négatifs (punitions) ne fonctionnent pas avec les chats – ni d'ailleurs avec aucun autre animal, cela ne fait que compromettre cette relation. Si quelqu'un attend que le chat soit prêt ou motivé pour coopérer, alors le renforcement positif fait des merveilles. C'est pourquoi je tente d'être patient quand j'interagis (et lors de mes activités d'enseignement) avec les humains.

Les animaux, chats inclus, sont honnêtes et communiquent honnêtement. Les chats et les chiens acceptent leurs gardiens en dépit de leurs déficiences ou de leurs handicaps, sans les juger. C'est ce que j'essaie de faire avec mes amis et relations humains.

Et les chats sont calmes, apaisants pour l'âme, ou au moins pour la mienne. Je ne peux pas imaginer un monde sans la compagnie des chats.

Professeur Dennis Turner[77]

5.

Médecins malgré eux : tout ce que nous leur devons

Le plus long voyage que j'ai fait, c'était dans les yeux d'un chat. Les bêtes sont des anges. Leur silence est proche de celui des livres. Leur silence est d'encre. Il porte une tunique de papier, une ceinture d'encre. Il entre dans notre cœur et il parle. De l'intérieur de nous. Sans mots.

Christian Bobin

L'actrice Annie Duperey a trouvé avec justesse le mot qui convient le mieux aux chats : le hasard[1]. Non seulement les chats déboulent dans nos vies de façon souvent inopinée, mais ils apportent dans leur sillage une moisson de découvertes qui comblent les chercheurs, dans des domaines ô combien variés. Fonctionnement de notre cerveau, de notre vision, audition, psychologie, sécurité routière, compréhension des rêves, des phases de notre sommeil, la liste est longue. Si certains chats n'ont eu qu'à apparaître pour ouvrir les yeux de la science, d'autres ont dû donner de leur personne.

Des chats éclaireurs de santé

Un format prédestiné

De tous les avantages que les chercheurs reconnaissent aux chats, leur gentillesse et leur format sont des caractéristiques qui reviennent toujours. Les chats sont des animaux heureux et silencieux en cage, de petit format, très homogène, faciles à manipuler, dont la tête tient dans la main respectueuse du chercheur. Leur cerveau a d'ailleurs d'emblée été utilisé par les scientifiques – et tout particulièrement les neurophysiologistes, puis les neurochirurgiens –, lorsqu'ils ont eu l'étincelle de la compréhension des phénomènes électriques siégeant dans le système nerveux, commandé par le cerveau. Même si la simple évocation de fines électrodes plantées dans le cerveau du chat nous fait dresser les cheveux sur la tête, il nous faut remercier les chats et les chercheurs qui ont su, à partir d'expériences sélectionnées, comprendre les bases de la physiologie cérébrale humaine, en miroir de celle des cerveaux félins.

Pressentant sa place et son rôle, Baudelaire lui a donné mieux qu'un prix, un hommage étincelant, lorsqu'il a écrit :

Dans ma cervelle se promène
Ainsi qu'en son appartement,
Un beau chat, fort, doux et charmant.
Quand il miaule, on l'entend à peine,

Tant son timbre est tendre et discret ;
Mais que sa voix s'apaise ou gronde,
Elle est toujours riche et profonde.
C'est là son charme et son secret.

À l'origine des neurosciences

En matière de compétences neuronales et d'intelligence, les neurobiologistes savent pour ainsi dire tout de la « boîte noire » de nos chats : leur cerveau est un livre ouvert, étudié sous toutes ses coutures depuis plus d'un siècle, ce que l'on ne sait pas toujours en dehors de la sphère scientifique. Ces études nous permettent de mieux comprendre le fonctionnement du cerveau humain, preuve patente du degré de l'intelligence qu'on accorde aux chats.

De façon étonnante, au XXe siècle, le mot « chat » n'apparaît pas toujours dans le titre des publications scientifiques essentielles dont il a fait l'objet, puisqu'il a toujours été pour tous les neuroscientifiques, LE sujet, LA référence en la matière pour comprendre les mystères de l'esprit humain.

Depuis les premiers livres d'anatomie – dès 1550 pour Conrad Gessner, anatomiste suisse –, le chat occupe toujours une place de modèle, offrant beauté et simplicité à ceux qui le choisirent pour comprendre l'intimité du vivant. En 1845, l'entomologiste et anatomiste français, Hercule Straus-Durckheim, publie le premier traité d'anatomie féline[2], dessiné grandeur nature, à l'échelle de son sujet, un magnifique chat mâle adulte tigré. Après la première planche du chat dessiné en pied, plus beau que sur une photographie, montrant le velouté et le tiqueté (les rayures de chacun de ses poils) de la robe, l'élégance du regard et des moustaches de son modèle, Hercule Straus-Durckheim y détaille les muscles, les ligaments et le squelette. Il signe là l'ouvrage de référence de la myologie et ostéologie pour les anatomistes comparés.

Première planche du premier traité d'anatomie féline, le sujet étant représenté grandeur nature. Hercule Straus-Durckheim, 1845.

En 1860, l'anatomiste américain Jeffries Wyman propose de prendre le chat comme modèle d'anatomie des mammifères, car il est déçu par certaines descriptions anatomiques humaines. « Tout ceci est dû au manque de standards disponibles pour comparer. Le corps humain n'est pas une référence adaptée pour les vertébrés inférieurs. La meilleure chose que tout anatomiste puisse faire c'est de préparer une description complète de quelques espèces, chacune typique de son groupe. Le poulet pourra représenter les oiseaux, et le chat les mammifères. L'anatomie du chat sera réalisée en premier, car elle servira d'introduction à l'anatomie humaine, et sera ainsi une aide à l'éducation médicale[3]. »

Au-delà des aspects purement anatomiques, le chat fait l'objet également dès 1881 d'un ouvrage exhaustif par le naturaliste britannique St. George Mivart : il aborde la psychologie du chat, les différents félidés, la place du chat dans le règne animal, son hexicologie (terme qu'il propose pour désigner l'étude des conditions de vie et qui deviendra le concept d'écologie), concluant son ouvrage par un chapitre sur le pedigree et l'origine du chat. L'auteur n'hésite pas en introduction à élever le chat au statut d'animal de référence pour les vertébrés.

Hormis quatre points anatomiques qui restent propres aux chats – la minuscule clavicule, le métacarpe rudimentaire, la petite poche du bord libre de leur oreille, et la cupside des dents de lait –, tout est remarquablement semblable à l'homme, en modèle réduit et d'une beauté anatomique qui élève la discipline au rang d'art.

Au même moment aux États-Unis, l'anatomiste américain Burt Wilder publie *The Brain of The Cat,* où il conseille à tout étudiant, avant de se lancer dans l'anatomie humaine qui n'est pas facile, de faire ses gammes sur le chat. Son travail sur l'anatomie du cerveau du chat constitue la suite logique de la magnifique monographie en ostéologie et myologie de Straus-Durckheim. En 1882, il écrira, avec son collègue Simon Gage, un autre ouvrage consacré au cerveau et à l'anatomie de la cavité abdominale (splanchnologie) féline. Les auteurs soulignent à nouveau l'intérêt du chat qui est, comme l'homme, un marcheur et un grimpeur. Et surtout son organisation anatomique est la parfaite combinaison de la délicatesse, l'agilité et la force. Reconnaissant au chat le statut de mammifère supérieur, les auteurs concluent par un point pratique non négligeable : contrairement aux chiens bruyants, les chats sont calmes…

Ces ouvrages sont les premiers à décrire le cerveau et les viscères, domaines souvent oubliés par les anatomistes, passionnés par les muscles, les ligaments et les os.

En Europe, dès 1870, le neurologue suisse Constantin von Monakov identifie dans le cerveau de chats (et de lapins) des anomalies du thalamus. Il sera aidé dans son travail par sa femme et fidèle assistante, Mathilde Rudio, qui s'occupe d'élever et de prendre soin des animaux[4]. En France, les neurologues Augusta Déjerine-Klumpke et son mari publient en 1895 un ouvrage de référence, *Anatomie des centres nerveux*, dans lequel le chat apporte sa contribution. De nombreuses découvertes de l'anatomie et du fonctionnement du système nerveux émergent, toutes à porter au crédit des chats et des anatomistes, physiologistes comme Monakov pour l'identification du gyrus sigmoïde en 1888, Shinkiski Hatai pour l'identification de la sous-plaque fœtale (à l'origine du développement du cortex cérébral) en 1902 et Ramon y Cajal pour la découverte des neurones interstitiels dès 1911. Tous ces scientifiques ouvrent en même temps la voie de la science molle dans laquelle la neuroscience va prendre son essor.

À la poursuite du mystère du cervelet

Le cervelet (du latin : *cerebellum*, « petit cerveau ») est un petit organe situé à l'arrière du cerveau des vertébrés. Il est connu depuis l'Antiquité, avec des fonctions supposées et souvent confirmées par la science (motricité, coordination motrice, dextérité manuelle, inconscience et pourquoi pas véritable organe sexuel pour Gall en 1810, fonction qui ne sera pas démontrée). Le médecin de Louis XV, Anne-Charles Lorry, se vante en 1753 d'avoir montré que le cervelet n'est pas indispensable à la vie, sur des chatons et des pigeons, capables de marcher sans cervelet. L'organe, qui fascine les scientifiques, sera décrit anatomiquement chez l'homme en 1776 par Vincenzo Malacarne, anatomiste et chirurgien italien (qui pensait que plus le cervelet comportait de feuillets, plus l'animal était intelligent), puis par le médecin, anatomiste et naturaliste français, Felix Vicq d'Azyr en 1786. Weinderich est un des premiers, avec Wilder, à le décrire chez le chat en 1881. C'est grâce aux chats et à l'équipe du neurologue Horace Magoun, en 1940 et 1949, que l'on comprend et vérifie la fonction neurophysiologique du cervelet, véritable chef d'orchestre de l'activité cérébrale et de la coordination motrice.

La mappemonde cérébrale de référence

Avec sir Victor Horsley, neurochirurgien britannique, s'ouvre l'épopée des neurosciences modernes : en 1886, il réussit pour la première fois à opérer un patient atteint d'épilepsie (en pratiquant une craniotomie) et à le guérir. L'enjeu devient alors de localiser, à partir des signes cliniques, les lésions cérébrales que présentent les patients pour les soulager.

À Londres, Charles Sherrington, chirurgien et neurophysiologiste britannique, succède à Horsley à la direction du Brown Animal Sanitary Institution, qui offrait l'asile aux animaux perdus et la possibilité aux anatomistes et physiologistes de développer leurs compétences pour mieux comprendre le fonctionnement des êtres vivants. Sherrington tentera, quant à lui, d'élucider les mécanismes nerveux centraux (au niveau du cerveau) ou périphériques (au niveau des nerfs) qui commandent nos muscles. Sa description des réflexes spinaux mettra à contribution les chats, dans le cerveau desquels il est un des premiers à implanter des électrodes de platine.

En 1908, sir Victor Horsley et Henry Clarke mettent au point l'appareil stéréotaxique – que la communauté scientifique estime aussi important que le microscope de Leeuwenhoek ou le télescope de Galilée –, qui permet, chez les singes d'abord puis chez les chats, de stimuler avec une extrême précision les parties profondes du cerveau, au moyen d'électrodes, pour en comprendre le mystère. En 1908, il n'existait pas d'appareil de radiologie ni de moyens d'imagerie non invasifs comme aujourd'hui.

En 1911, le physiologiste britannique Henry Clarke écrit avec Edward Henderson l'atlas du cerveau du chat, ouvrage destiné à établir les bases du cerveau de référence. Méthodiquement, ces deux chercheurs font la description du cerveau du chat, photographies à l'appui, avec les coordonnées topographiques, par tranche d'un millimètre. On ignore combien de chats ont servi à ce travail de bénédictin, mais l'ampleur de la réalisation force le respect, même si la vision du dispositif lève le cœur. À partir de ce travail fondateur débute l'épopée de l'approche expérimentale en neurosciences. Avec la réalisation des premiers enregistrements encéphalographiques en 1926 par le physiologiste allemand Hans Berger, puis celle de la technique développée vers 1935 par le neurophysiologiste belge Frédéric Bremer, dite du cerveau isolé[5] et l'avènement de la radiographie, le chat va devenir LE partenaire des neuroscientifiques et se retrouver au centre de toutes les grandes découvertes dont nous sommes tous, à un degré ou un autre, bénéficiaires.

Le bocal à anesthésie

L'expérimentation animale a commencé en France, avec le physiologiste Claude Bernard (dont la femme et les filles se sont désolidarisées, devenant de ferventes protectrices des animaux). Outre des grenouilles, des lapins et des chiens, il a utilisé comme « machines vivantes » des chats dans les années 1865, expliquant dans son *Introduction à l'étude de la médecine expérimentale* ses méthodes, qui étaient pour lui l'équivalent de ce qu'on nomme aujourd'hui la médecine fondée sur les preuves. Avec une différence essentielle, puisqu'il disait ne voir, ni entendre la douleur de ses sujets d'expérimentations. Néanmoins, le chat étant rebelle aux mauvais traitements et à la douleur, c'est pour lui que Claude Bernard a conçu, utilisé et décrit le premier appareil d'anesthésie avec une cloche de 10 à 15 cm de diamètre, sous laquelle l'animal était installé pour une à deux minutes d'inhalation de chloroforme ou d'éther qui le rendait inconscient. Les scientifiques britanniques ont immédiatement adopté l'anesthésie pour les chats, au début du XXe siècle, pour pratiquer des interventions comme l'ablation de l'hypophyse et mesurer leur pression artérielle, modifiée par des substances qui allaient devenir des médicaments essentiels.

Quand l'œil du chat nous éclaire

Le chat a permis également des progrès scientifiques sur la vision et son lien avec le fonctionnement du cerveau, qui ont induit d'autres découvertes neuroscientifiques.

La compréhension du fonctionnement de la rétine a fait grâce à lui des avancées sans précédent à partir des années trente. Jusque-là, les scientifiques avaient compris l'importance de la rétine comme récepteur d'images, en notant une sensibilité particulière aux contrastes de luminosité et aux mouvements. Mais le mystère de la communication entre l'œil et le cerveau restait entier. Le neurophysiologiste américano-hongrois Stephen Kuffler est le premier à envisager la rétine comme un convertisseur numérique – qui produit des images à partir d'un signal numérique, comme nos téléviseurs – et il y mesure, sur des chats anesthésiés, l'activité électrique produite par de tout petits faisceaux de lumière. Il démontre que les ondes lumineuses provoquent bien dans les premières cellules rétiniennes qu'elles rencontrent (cellules dites ganglionnaires) une activité électrique qui se propage ensuite de neurones en neurones, pour passer d'un pixel à une image globale dans le cortex. Il faut au total sept synapses pour que la rétine fournisse au cerveau une réalité augmentée[6], adaptée de « ce qui est vu ». Kuffler a pressenti – et son équipe constituée notamment par David Hubel et Torten Wiesel vont le montrer – que les rétines des chats détectaient, comme nous, à merveille, les mouvements et surtout le contraste des objets.

Dans le millefeuille du cortex visuel, c'est d'abord chez les chats que les cellules nerveuses les plus complexes ont été identifiées. Et ce qui est vrai chez le chat est vrai chez tous les mammifères : des mouvements très subtils, avec des angles de seulement cinq degrés suffisent à activer notre attention et à nous alerter, comme l'apparition d'une fenêtre sur notre écran d'ordinateur.

Hubel et Wiesel vont poursuivre l'étude systématique du cortex visuel et s'intéresser à la période sensible de développement qu'ils vont mettre en évidence chez des chatons. L'intégrité de la vision est nécessaire au développement du cerveau chez les jeunes êtres vivants. Élevés dès leur naissance avec une paupière fermée, l'autre étant fonctionnelle, ces chatons vont ensuite retrouver la vue entière, et leurs cerveaux seront alors complètement remodelés, semblables à ceux de chatons qui ont eu un développement normal. Grâce à ces données a été établie la réalité de la plasticité neuronale, montrant qu'après des lésions comme un accident vasculaire cérébral ou l'ablation d'une tumeur, la capacité du cerveau à produire de nouveaux neurones est particulièrement importante chez les jeunes enfants et toujours possible chez les adultes.

Les neurophysiologistes ont travaillé des dizaines d'années pour comprendre comment fonctionnent les structures cérébrales, comment les lésions apparaissent et comment les prendre en charge et les guérir. Le Brain Injury Research Center[7] (centre de recherches sur les traumas cérébraux) de Californie a effectué sur les chatons un travail remarquable, qui non seulement a permis de donner de l'espoir, mais a mis également en évidence des données très solides concernant la réinnervation par pousse à l'intérieur du cerveau, possible même avec des lésions très importantes (impliquant l'exérèse de la totalité d'un hémisphère cérébral, comme c'est le cas chez de très jeunes enfants épileptiques). Et cette équipe a démontré qu'il n'y avait pratiquement aucune différence entre des chatons normaux et des chatons ayant subi de telles interventions neurochirurgicales. Ces découvertes sur la plasticité cérébrale ont constitué un véritable progrès, offrant sécurité et espoir aux patients (jeunes ou adultes) souffrant d'épilepsie ou de tumeurs, ainsi qu'à leur neurochirurgien.

Deux yeux brillants et une invention !

Qu'ils soient rouges sur les feux arrière de la voiture qui vous précède, orange au milieu de la chaussée, ou blancs dans les endroits dangereux le long de la route, presque à la hauteur des phares de votre voiture, vous ne pouvez manquer les Catseye®, qui contribuent, depuis 1934 à la sécurité de tous. C'est Percy Shaw, touche-à-tout britannique, d'abord réparateur de petits outils, puis chargé d'entretenir des routes, qui sut concrétiser l'idée qu'il eut une nuit de brouillard londonien. Habitué à voir briller les rails du tram devant les feux de sa voiture, il fut surpris quand la ligne fut fermée et les rails démontés, le privant de ces signaux qui l'avaient tant guidé sur la route. Il vit soudain briller, à hauteur d'une clôture, deux yeux dans la nuit, à la lumière de ses phares : un chat lui sauva la vie, lui indiquant la proximité de la clôture. Cette vision nocturne lui inspira les Catseye® forme de catadioptres, dispositifs rétroréfléchissants : où la lumière des voitures se réfléchit sur eux comme dans les yeux d'un chat la nuit.

La découverte de l'ocytocine

L'ocytocine est aujourd'hui une hormone qui enthousiasme la neurobiologie au point d'être appelée l'hormone de l'amour (voir p. 100), mais son rôle premier est d'être « facilitatrice » de la vie, en provoquant les contractions de l'utérus lors de la naissance. Il a été compris et décrit en 1906 par un jeune médecin, sir Henry Dale, à qui tous les scientifiques s'accordent à reconnaître la paternité du mot « ocytocine » (du grec *ôkus*, « rapide », et *tokos*, « engendrement »). Sir Henry Dale travaillait sur l'hypertension artérielle, en injectant à des chats anesthésiés des extraits de glande surrénale ainsi que de la partie postérieure de l'hypophyse, les deux extraits ayant les mêmes effets hypertenseurs. À la fin d'une des manipulations, il constata que les cornes de l'utérus de la chatte étaient blanches, semblables à des cordes, très contractées, ce qui était anormal. Émettant plusieurs hypothèses – celle d'un spasme intense (presque de la tétanie) lui sembla la plus plausible –, sir Henry Dale répéta l'expérience, vérifia sur des chattes gestantes l'activité de la substance naturelle, et décrivit le premier les propriétés ocytociques de la préparation posthypophysaire[8]. L'ocytocine ne sera identifiée chimiquement qu'en 1953 par un biochimiste américain de l'université de Cornell, Vincent du Vigneaud, ce qui lui vaudra un prix Nobel de chimie l'année suivante. Mais les extraits hypophysaires seront utilisés bien avant pour faciliter les accouchements. Sir Henry Dale soulignait d'ailleurs en fin de carrière combien la chance (en l'occurrence, la sérendipité) l'avait servi, plus que de raison, ce que disait autrement un de ses collaborateurs,

John Chassar Moir, en 1964[9] : « Heureusement pour la science, le chat était une chatte. »

Au-delà de la compréhension des propriétés de l'ocytocine, les chattes et les chats sur lesquels travaillaient Henry Dale et son équipe contribuèrent également à comprendre les mécanismes d'action de l'adrénaline, des substances dites sympathomimétiques (similaires à l'adrénaline), l'inversion des effets hypertenseurs de l'adrénaline par les extraits d'ergot de seigle (dont les effets ocytociques étaient connus par la médecine populaire), la découverte de l'histamine. Dale identifia alors, avec l'aide d'un chimiste, l'acétylcholine et proposa la notion de transmission chimique pour le fonctionnement des nerfs. Il fut couronné avec Otto Loewi par le Nobel de médecine en 1936. Bien sûr, les chats n'ont pas été les seuls à apporter leur contribution à son œuvre, mais c'est la réaction inattendue de l'utérus d'une chatte non gestante qui a donné l'étincelle à Henry Dale, pour comprendre tant de choses qui, pour notre santé, sont essentielles.

Le royaume des rêves ou le cerveau du chat endormi

Autre domaine que les chats nous ont permis d'explorer, celui des rêves. Chacun de nous a pu observer, entre autres, les discrets mouvements, comme un courant électrique involontaire, des moustaches de nos chats et chatons lorsqu'ils dorment profondément. Depuis l'Antiquité, nous comprenons et savons qu'ils rêvent eux aussi. C'est en 1937, grâce à des électrodes, que le scientifique allemand Richard Klaue met en évidence l'activité électrique rapide dans le cerveau des chats endormis. Le rêve est un « sommeil éveillé », au cours duquel le chat peut reproduire tous les comportements qu'il adopte dans sa vie quotidienne : chasse, léchage, frayeur, attaques, etc. Si plusieurs scientifiques (Eugène Aserinsky, Nathaniel Kleitman et William Dement) font le lien entre les mouvements oculaires rapides de l'animal (Rapid Eye Movement ou REM) et les rêves, c'est en France que le mystère de la survenue des rêves est élucidé, grâce notamment à Michel Jouvet.

Il y a chez Michel Jouvet, tel qu'il se décrit dans des entretiens ou interviews, l'élan de l'aventurier, méthodique, génial et organisé, qui commence sa carrière de neurochirurgien à un moment déterminant de l'histoire de sa discipline, où tout est possible : « À l'époque (1953), nous n'en savions pas plus sur le cerveau que s'il avait été rempli de coton[10]. »

Les chats ont toujours été des collaborateurs rares et précieux pour Michel Jouvet qui, comme son équipe, en prenait grand soin. Ses collaborateurs décrivent ses locaux, à Lyon, comme des lieux entièrement consacrés à ses recherches, où les cages des chats étaient installées juste à côté de son bureau - un chat par pièce -, traités avec le respect dû à leur importance. Les chercheurs travaillaient au milieu de leurs sujets d'observation et avec eux, tous ayant une grande affection pour les chats, comme en témoigne le professeur Isabelle Arnulf, qui a commencé sa carrière à Lyon : « Michel Jouvet disait qu'on est à l'image de l'animal avec lequel on travaille, et lui particulièrement. Quand on entrait à pas feutrés dans son bureau - il portait des semelles de crêpe pour ne pas réveiller les chats - on avait l'impression de rentrer dans son cerveau[11]. » Il avait écrit le plus sérieusement du monde au CNRS et tenté d'obtenir la médaille de la meilleure chatte du monde pour Colombine (et peut-être aussi Camelia[12]), dont les chatons avaient été dédiés à la discipline. Le CNRS n'avait pas donné suite, ce qui est regrettable car ces chats ont rendu des services à l'humanité tout entière. Actuellement, près d'un milliard d'humains souffrent de troubles du sommeil, et s'ils ont la chance d'aller dans une unité du sommeil passer une nuit, ils sont équipés (entre autres), sous le menton, d'un capteur de tonus musculaire, grâce aux travaux faits sur les chats.

Pendant la phase de sommeil paradoxal, où s'effectue la très grande majorité de nos rêves (et en grande partie notre récupération psychique et reprogrammation génétique, la sauvegarde de qui nous sommes), tous nos muscles se mettent en veilleuse – c'est ce qu'on appelle l'atonie musculaire. Michel Jouvet avait pu observer ce phénomène chez les chats, en plaçant un capteur au niveau des muscles de leur nuque, et avait constaté que l'atonie musculaire était totale, excepté pour les globes oculaires qui restaient agités de mouvements.

Au sein du laboratoire du professeur Magoun, neurologue américain, Michel Jouvet apporte alors une véritable innovation en proposant que le chat, qui est déjà l'animal compagnon par excellence des neurochirurgiens, soit étudié en pleine conscience, c'est-à-dire éveillé et non anesthésié. Du point de vue physiologique et éthologique, et en ce qui concerne le bien-être de l'animal, c'est une démarche tout à fait pertinente. Ses premières recherches et découvertes portent sur l'attention et la qualité d'éveil d'un chat sous caféine, la substance active de nos cafés. Puis il comprend comment fonctionne l'habituation, la répétition d'un bruit modéré, auquel le chat finit par ne plus faire attention, avec les travaux d'Herbert Jasper sur « l'habituation neuronale afférente ». Le chat est déjà, depuis les années trente, le modèle par excellence pour l'audition, et les chercheurs s'aperçoivent que si le chat prête attention à un chant d'oiseau ou à une odeur de poisson, l'activité électrique enregistrée au niveau de ses oreilles diminue[13]. Admiratif, Michel Jouvet précise : « Ces résultats nous convainquirent que nous étions au début d'une ère nouvelle : l'étude électrophysiologique des mécanismes des processus psychiques[14]. »

Prenons un moment pour méditer sur le fait qu'avec de simples électro-encéphalogrammes réalisés sur de modestes chats, l'activité électrique qui génère nos mécanismes psychiques a pu commencer à être étudiée. Ainsi, dès 1956, avec cette belle publication, les capacités émotionnelles et psychiques du chat étaient parfaitement attestées par les scientifiques. Sans que nous ayons à rougir de leur être comparés.

Poursuivant les recherches sur l'habituation, l'analyse fine des structures du cerveau et de l'absence de réponse des muscles – l'atonie, caractéristique du sommeil profond – a permis d'identifier des cycles curieux, avec de courts moments d'environ six minutes toutes les heures au cours desquelles les moustaches et les yeux des chats, pourtant endormis, étaient animés de mouvements. Les ondes enregistrées à différents niveaux du cerveau[15] par les électroencéphalogrammes (EEG) pendant ces courtes phases indiquaient un éveil, alors même que le sujet dormait profondément. Après avoir d'abord cru à un défaut des appareils d'enregistrement (l'époque n'était pas encore au numérique), force a été d'admettre que les chats et les machines à transcrire les phénomènes en tracés (polygraphes) disaient la vérité.

Ce sont grâce à ces résultats, paradoxaux en apparence, que la phase pendant laquelle nous rêvons a été nommée « sommeil paradoxal ».

La description de l'activité du cerveau qui rêve a donc été permise grâce aux chats, experts toutes catégories en matière de sommeil et de rêve. Les chats se distinguent de nous par le fait de ne pas être circadiens, donc ne pas limiter leur capacité à dormir à la nuit, moment sans lumière. Ils ont des cycles courts de trois à quatre heures, et dorment pendant les heures de travail des chercheurs, ce qui a été également une bénédiction pour la science, avec de nombreuses applications thérapeutiques.

Michel Jouvet, qui se trouve confronté comme neurochirurgien, à Lyon, à des patients présentant des traumatismes crâniens (causés par des accidents de moto) et plongés dans un coma profond, va comprendre, grâce à l'expérience clinique qu'il a des chats, l'irréversibilité de certaines lésions, qu'il formalisera en 1959 en établissant une échelle du coma. Publiée, cette dernière permet d'établir le diagnostic et la notion de mort cérébrale[16], une notion essentielle que nous lui devons, scientifiques, médecins et patients.

C'est de cette découverte primordiale qu'est née la possibilité des greffes, prouesse technique qui sauve des vies.

Du verrou des rêves à la détection précoce de la maladie de Parkinson

Michel Jouvet et son équipe ont pu observer des chats parfaitement endormis dont les corps étaient animés par les mouvements de leurs rêves. Cette mise en actes des rêves, dont ils ont expliqué la genèse (une lésion au niveau du tronc cérébral dans le *locus cœruleus alpha* pour les félins) les ont aidés à rechercher et localiser une possible lésion chez l'humain agité pendant son sommeil : cette agitation peut être un symptôme précoce, annonciateur de la maladie de Parkinson. Elle conduit certains patients à tomber de leur lit, à blesser leur conjoint, à crier, à bouger violemment. Une équipe[17] internationale vient de montrer que c'est la neuro-inflammation de cette zone qui provoque ces troubles. La maladie de Parkinson touche 1 % de la population des personnes âgées de plus de 65 ans. La prise en charge thérapeutique de cette maladie invalidante, avec les nouveaux médicaments dont on dispose, comme les anticorps monoclonaux, devrait permettre de la traiter de plus en plus précocement et de pouvoir en ralentir la progression.

Psychologie moderne

Les chats de Thorndike

En 1898, des expériences fondatrices ont ouvert le champ des bases théoriques de l'apprentissage en psychologie humaine, grâce à des chats. Si l'histoire a retenu Pavlov et ses chiens, c'est à James Edward Thorndike et à ses chats, enfermés dans sa cave, que l'on doit les fondations de la psychologie moderne, de même que des travaux sur l'intelligence animale.

Thorndike a inventé la *puzzle box*. Il place un chat affamé dans une boîte en lattes de bois dont la porte est fermée, les lattes ménageant une vue partielle de l'environnement et permettant le passage d'une patte.

De la nourriture est déposée à l'extérieur de cette boîte, bien en vue du chat, et surtout à portée de son nez. La première réaction du chat est de tenter de s'échapper de cette prison (la boîte conçue par le psychologue) par tous les moyens. Ensuite, n'y arrivant pas, il l'explore, trouve la porte, les ficelles, les loquets et au bout d'un certain temps - par accident, dira Thorndike –, il réussit à ouvrir la porte et accède à la nourriture.

Si l'on remet le même chat, dans la même boîte le jour suivant, il réussit à l'ouvrir un peu plus vite et chaque jour davantage. Thorndike avait conçu quinze boîtes de différentes complexités, et certains de ses détracteurs de l'époque l'ont accusé à juste titre, de faire des chats ses victimes plus que ses sujets ! Il est clair aujourd'hui que les comités d'éthique refuseraient de valider la thèse pourtant soutenue par Thorndike et qui lui valut, entre autres, de devenir président de l'Association américaine de psychologie en 1912.

Avec son expérience, Thorndike a pu concevoir la loi de l'effet - un comportement suivi d'une récompense sera associé à la situation qui l'a déclenchée, c'est-à-dire que le chat a fait le lien de cause à effet entre ouvrir la porte de sa prison et obtenir une récompense. A contrario, tout comportement qui n'est pas renforcé disparaît (on dit qu'il s'éteint), dans un délai plus ou moins rapide. L'exemple le plus fréquent est celui du chat qui recherche l'attention et la compagnie de son maître au milieu de la nuit, et pour lequel tout signe, fût-il un grognement ou un reproche, devient un renforcement. Raison pour laquelle l'extinction de ce comportement nocturne n'est pas toujours évidente !

Nous pouvons certifier que la motivation du chat (et son intelligence pratique) pour sortir de la boîte a certainement contribué grandement à la réussite de l'expérience de Thorndike. Le chercheur était pourtant d'un scepticisme qui en dit long sur sa sous-évaluation de l'intelligence féline. En effet, il semble qu'il n'ait pas cru une seconde que le premier chat ait pu comprendre comment sortir de la boîte au premier essai, qui fut concluant. Il a donc répété l'expérience plusieurs fois et noté pour chaque essai le succès ou l'erreur, ainsi que la vitesse à laquelle le chat réussissait chaque fois à ouvrir la porte. En notant tous ces éléments scrupuleusement sur une feuille, il a pu établir les premières courbes d'apprentissage, et ensuite formuler la loi des essais et des erreurs.

Les chats de Thorndike, comme ceux qui arpentent les labyrinthes dans les laboratoires de recherche, ont démontré leurs aptitudes lors de ces expériences. Opportunistes, curieux, débrouillards, les chats n'ont pas les quatre pattes dans la même empreinte. De ces expériences, des conclusions essentielles pour le genre humain ont été tirées, en termes d'association de cause à effet, sans pour autant valider les acquis de l'expérience pour l'espèce féline à laquelle nous devons donc notre reconnaissance puisque, aujourd'hui encore, ils travaillent, à leur cerveau défendant, pour éclairer la science[18].

L'erreur est humaine

D'autres chats ont présidé à la naissance de théories psychologiques. Le burmese de James Reason, psychologue britannique, est à l'origine du modèle de l'erreur humaine et de la théorie du fromage suisse (*swiss cheese model*). Le concept en est le suivant : l'erreur ne se produit que si, comme une flèche, elle arrive à passer au milieu de tous les trous des procédures de sécurité – matérialisées par des tranches successives de gruyère – ce qui est rarissime. James Reason a étudié les « ratés » (résultant souvent de maladresses dans la réalisation d'un geste), puis les méprises (dans la planification de l'action), et enfin les erreurs, qui souvent sont des problèmes de compréhension, de communication (ainsi des erreurs dramatiques dans l'aviation sont survenues lorsque le copilote n'osait pas dire quelque chose à son pilote, ou que celui-ci ne l'a pas cru).

Tout est parti d'un moment de distraction de James Reason : « Un après-midi au début des années soixante-dix, je faisais chauffer une bouilloire pour le thé. La théière attendait, ouverte, sur le plan de travail (à l'époque on y mettait des feuilles à la cuillère et non des sachets de thé). C'est alors que notre chat (un burmese très bruyant) hurla, à la porte de la cuisine, pour être nourri. Je dois avouer que j'étais un peu agacé par ce chat et que ses besoins tendaient à devenir des priorités. J'ai donc ouvert une boîte de nourriture pour chat, plongé dedans une cuillère, que j'ai mise... dans la théière[19]. »

Des erreurs comme celles-ci, nous en avons tous fait. Tout le génie de James Reason est d'avoir réfléchi sur cette erreur personnelle, pour laquelle il a crédité son chat, et d'avoir suivi le fil de son raisonnement pour en faire sa pelote pendant plus de quarante années productives, à examiner les erreurs humaines dans diverses situations et trouver des solutions pour les prévenir.

Si l'erreur est humaine, elle repose souvent sur un manque d'attention, de concentration, et le non-respect de consignes de sécurité. Les procédures de sécurité sont autant de filtres qui permettent d'éviter les erreurs qui, en aéronautique comme en anesthésie, et plus généralement en milieu hospitalier, peuvent être dramatiques. Ces procédures doivent être établies, en fonction des risques, être simples à appliquer et respectées. C'est ce que font systématiquement les commandants de bord des avions avant chaque décollage, les anesthésistes avant et au cours des anesthésies qu'ils réalisent. Ils lisent une liste qu'ils connaissent pourtant par cœur, en cochant les cases et vérifiant tout. C'est aussi un peu ce que vous faites quand vous établissez une liste des courses, puis cochez progressivement les cases au fur et à mesure, pour être certain de ne rien oublier. À ce jour, si vous voyagez en avion et si vous êtes anesthésié en toute sécurité, c'est grâce aux protocoles mis en place par un psychologue de génie, distrait par son chat, et dont le travail sur les erreurs a contribué à la naissance des sciences de la sécurité, d'une utilité universelle quotidienne.

Apports sur l'agressivité

Le chat a aussi fourni aux chercheurs depuis un peu plus d'un siècle un modèle essentiel pour tenter de soigner l'agressivité et la violence humaine – fléau mondial depuis longtemps. On a pu identifier grâce au chat les structures cérébrales impliquées dans l'agression impulsive, souvent associée à la peur, et confirmer l'efficacité de psychotropes adaptés. Comme souvent, les scientifiques sont partis d'une constatation simple : le chat est capable, en un éclair, de passer du calme à la colère, surtout quand il croise… un chien ou tout simplement un autre chat. En 1904, Robert Sessions Woodworth et Charles Scott Sherrington[20] ont identifié la zone du cerveau qui commande ce passage à l'acte d'une façon aussi rapide qu'efficace. Ce réflexe a été immédiatement baptisé *sham rage* – rage simulée ou agression impulsive.

En 1918, le physiologiste néerlandais Joannes Dusser de Barenne découvre, sur deux chats dont il a retiré une partie du cerveau[21] (zone superficielle du cortex, le néopallium), ce que Walter Cannon, le père de la médecine psychosomatique, confirme en 1925 aux États-Unis sur des chats réagissant violemment à la vue d'un chien dans son laboratoire : il existe une zone cérébrale qui déclenche l'agressivité. Mais l'étude des émotions nécessite une répétition des séquences. Il vérifie alors que ce comportement hautement émotionnel fait suite à une poussée d'adrénaline et aux structures sous-corticales, sans que la fonction cognitive puisse l'arrêter : effectivement, le chat, privé de ses lobes préfrontaux, est encore capable d'être dans une rage simulée.

Dès que la stimulation électrique cesse au niveau de l'hypothalamus, les émotions ressenties et les comportements adoptés par les chats s'abolissent en un clin d'œil. C'est un système on/off, comme le décrit sir Walter Hess, qui, en 1943, localise avec précision la zone du cerveau qui régit ce comportement. Walter Hess avait une vision humaniste et globale des êtres vivants, et souhaitait comprendre l'énergie qui nous anime et coordonne nos actes et pensées. Il a établi son propre atlas, cartographie des réactions physiologiques du chat, un animal auquel il a consacré presque toute sa carrière, ce qui lui a valu un prix Nobel pour ses découvertes sur le sommeil. Paradoxalement, c'est parce que « les chats sont généralement dociles, faciles à manipuler, contrairement aux primates[22] » qu'ils sont devenus les modèles parfaits pour étudier les comportements violents.

La similitude entre l'agression impulsive – le « pétage de plombs » – chez l'humain et la colère – *sham rage* – chez le chat est aussi importante qu'entre la prédation du chat et l'agression par un psychopathe, les deux formes d'agression étant radicalement différentes. Allan Siegel dit volontiers que les chats sont des tueurs de sang-froid. Quand ils voient une proie, ils oublient tout le reste pour se concentrer pendant de longs moments sur la stratégie qui va les conduire à la réussite : mordre et tuer calmement leur victime. Dans ce type d'agression, chez le chat comme chez l'humain, ce sont les fonctions cognitives du cortex préfrontal qui sont impliquées, avec presque aucune émotion ni activation du système sympathique (pas d'affolement cardiaque, respiratoire). Cette agression est calculée, planifiée, dirigée sur un individu exclusivement. Une seule différence, de taille, cependant : la prédation des chats s'effectue toujours sur une espèce différente, alors que l'humain s'attaque la plupart du temps à son semblable.

Dans l'agression impulsive, ce qui domine pour le chat et l'humain, c'est la menace ou la peur, réelle ou supposée, provoquée par de nombreux facteurs, lesquels affolent le cœur et le système sympathique (rythme cardiaque et rythme respiratoire accrus), et déconnectent presque toutes les fonctions cognitives pour mettre l'organisme en mode survie et agresser, sans préméditation, en état de légitime défense. Dans l'agression impulsive, le chat voit rouge, alors que dans la prédation il agit avec calcul et sang-froid. Alors que l'agression impulsive est de nature aversive – pas agréable pour celui qui en est l'auteur –, l'agression par prédation renforce quant à elle l'estime de soi du prédateur qui touche sa cible (même si le chat en manque beaucoup, dix souris chassées pour une attrapée).

Les deux formes d'agression s'excluent l'une l'autre (raison pour laquelle deux chats qui se battent ne se tuent pas) et sont modulées par le système limbique, centre émotionnel de notre cerveau, ce qui explique que chez l'humain la consommation d'alcool ou de drogues déclenche ou aggrave le passage à l'acte.

C'est en très grande partie aux chats qu'on doit cette connaissance aussi fine et précise (que la taille des électrodes utilisées) des structures cérébrales impliquées dans ces comportements ainsi que les neuromédiateurs et récepteurs qui les modulent. Les cytokines (neuromédiateurs de l'inflammation) et la substance P (dont la production augmente lors de douleur) potentialisent l'agression impulsive, quand la sérotonine la diminue fortement. Une infection par un germe – la grippe pour nous, un abcès pour un chat – libère des lipopolysaccharides qui inhibent l'agression impulsive (et nous mettent à plat, avec ce qu'on appelle le comportement de maladie). Une molécule bien connue pour ses propriétés antidépressives, la fluoxétine, agit au niveau préfrontal en inhibant la recapture de sérotonine et réduit elle aussi considérablement l'agression. Pour autant, on ne peut prévoir ce qui va déclencher l'acte chez l'humain ou le chat : chez ce dernier, une odeur par exemple peut rapidement lui monter au cerveau, sans aucune inhibition ni contrôle cognitif. Des perturbateurs endocriniens, comme le plomb, peuvent également déclencher chez l'enfant des agressions impulsives identiques à celles du chat.

Par ailleurs, s'il y a bien une racine de violence imprimée dans tous les cerveaux des mammifères, ce sont les expériences précoces, positives ou négatives, dès la gestation, qui moduleront l'expression de cette violence, dont on sait qu'elle est plus fréquente chez l'homme (la testostérone la facilite), et qu'elle est augmentée par la cortisone, les catécholamines (neuromédiateurs sécrétés en situation de stress) et l'inflammation du tissu nerveux. La sérotonine, l'ocytocine, les opioïdes diminuent les crises d'agression impulsive.

L'enfant peut, dès l'âge de deux à sept mois, se mettre dans des colères et des rages[23] dignes des chats, sous l'effet de la frustration, en étant privé de la liberté de mouvement ou d'une chose qu'il aime, sans pouvoir verbaliser sa frustration pour se faire comprendre. Ces accès de colère s'accompagnent d'une accélération du rythme cardiaque et respiratoire, d'une augmentation de la pression artérielle et sont désagréables pour l'individu. La persistance de ces crises de colère avec l'âge est souvent liée à des troubles de l'humeur ou un environnement toxique (plomb dans la peinture ou l'eau) et chez l'adulte à des troubles psychiatriques, et dans ce cas elles alternent avec des épisodes dépressifs. Avec le grand âge et les altérations cérébrales qui peuvent l'accompagner, ces crises de colère surviennent à nouveau.

Maladie d'Alzheimer

Si certains vieillissent avec élégance jusqu'aux âges avancés de 24 à 28 ans (en moyenne 18 à 20 ans), les chats ne sont pas à l'abri d'être frappés, comme nous, par des troubles cognitifs. Près de 30 % des chats de plus de 11 ans émettent des vocalisations souvent nocturnes et avec parfois clairement l'objectif d'attirer notre attention. Dès que nous leur parlons et venons à eux en les regardant, ils s'arrêtent ! Au milieu de la nuit, ces miaulements peuvent mettre à rude épreuve l'amour que nous leur portons. Les causes les plus probables sont une mauvaise circulation vasculaire cérébrale, de l'artériosclérose, l'oxydation provoquant l'accumulation des radicaux libres et l'altération des protéines des cellules nerveuses, qui se dégradent en protéines ß-amyloïdes toxiques, dont on sait désormais qu'elles sont la première étape de la maladie d'Alzheimer.

Chez le chat atteint de dysfonctionnement cognitif, les premières études ont montré que l'infiltration par un excès de phosphorylation de la protéine tau (protéine de la maladie d'Alzheimer) provoque des agglomérats au sein même des cellules nerveuses (notamment dans une zone particulière du cortex – entorhinal – et de l'hippocampe, petite structure du cerveau impliquée dans la mémoire). La communication neuronale est alors embrouillée au sens le plus littéral du terme par des enchevêtrements fibrillaires. Ces désordres cérébraux conduisent à la mort des neurones et à une inflammation chronique qui se traduit par la formation de plaques amyloïdes à l'extérieur des neurones.

Les chercheurs[24] ont également montré que chez le chat âgé, le noyau caudé (la partie du cerveau responsable des apprentissages et de la mémoire) perd de son efficacité car ses neurones cholinergiques rétrécissent en taille (mais pas en nombre), ce qui est à l'origine de perturbations du cycle veille-sommeil. Dans le cervelet, les chercheurs ont observé une diminution du nombre des neurones. Le travail de recherche d'une jeune vétérinaire de l'université vétérinaire d'Édimbourg, Lorena

Sordo, au sein d'une équipe avant-gardiste dans la recherche sur la maladie d'Alzheimer avec Danielle Gunn-Moore[25], est d'identifier les lésions communes et les similitudes existant entre les cerveaux des chats âgés et ceux des patients atteints de la maladie d'Alzheimer. C'est grâce à la générosité de propriétaires de chat et à un travail de recherche collaboratif que cette étude est en partie possible : tous les propriétaires ont tous accepté, comme cela se fait pour les humains, de faire don du corps de leur chat à la science.

Le comité d'éthique et l'équipe de recherche ont été très vigilants et scrupuleux dans leur recherche du maximum d'informations pertinentes sur ces précieux petits cerveaux. Le chat pourrait être un remarquable modèle naturel pour la compréhension, la prévention et le traitement de la maladie d'Alzheimer.

Les racines biologiques de l'agressivité

Les personnes atteintes de la maladie d'Alzheimer sont coutumières d'accès de colère souvent explosifs, qui, comme un orage, peuvent cesser aussi vite qu'ils sont apparus. Dans ces moments-là, on perçoit clairement que les émotions envahissent la personne, qui perd alors toute maîtrise d'elle-même. Les connaissances accumulées depuis des décennies sur les deux principales formes d'agression ont permis à Allan Siegel[26] de formuler l'hypothèse que dans la maladie d'Alzheimer ce sont, comme chez le chat en colère, les structures de l'hypothalamus médial qui sont impliquées, sans que la partie temporale du cortex (altérée par la maladie) puisse les modérer. L'activation des récepteurs opioïdergiques de la substance grise péri-acqueducale (dans le cerveau moyen), au cœur même de notre cerveau, pourrait fournir une voie thérapeutique intéressante pour les patients Alzheimer, voie déjà validée chez les chats.

Vessie, miroir de l'âme

D'autres neurophysiologistes ont fait très tôt, grâce aux chats, des découvertes, que l'imagerie moderne d'aujourd'hui ne dément pas dans leurs grandes lignes. Ainsi, en 1925, Frederick Barrington, neurophysiologiste britannique, a publié un article qui a fait date : il y énonce les cinq réflexes qui permettent à des chats d'uriner de façon consciente. Grâce à sa finesse d'observation, il repère et décrit avec précision le désir d'uriner des chats – étudié sur quatre-vingt-quatre sujets, hébergés dans son grand bureau. Certains, privés de l'intégrité de leur moelle épinière, sont frappés par l'incontinence. Il est capable de localiser très finement la zone (qui désormais porte son nom), à l'extrémité de la moelle épinière, à la base du cerveau, qui contrôle l'émission d'urine. Cette publication originale a permis de comprendre le rôle fondamental du cerveau et de la moelle épinière sur la capacité à uriner volontairement, ce qui, dans la compréhension des conséquences des lésions de la moelle, est essentiel.

Chez le chat, les cystites sont très rarement d'origine infectieuse (contrairement à celles qui frappent souvent les femmes), mais elles sont très douloureuses, s'accompagnant parfois de la présence de sang dans les urines. La douleur à uriner conduit souvent les chats à uriner ailleurs que dans leur bac, donc à être malpropres.

On a longtemps pensé, en médecine vétérinaire féline, que seule la présence de calculs ou de cristaux conduisant à la formation de bouchons urétraux avec parfois une obstruction urinaire était la cause des cystites. Puis les études sur ces chats frappés de cystite idiopathique[27] – le terme qui indique qu'on ignore la cause précise du problème – ont montré que ceux-ci présentaient souvent d'autres signes (anxiété, vomissements) que leur cystite. Leurs symptômes rentraient dans l'ordre par de simples mesures de modifications de l'environnement, mais récidivaient en réponse à des éléments de stress anodins comme des bruits inattendus, répétés, etc. Le point qui est apparu dans ces publications scientifiques et analyses était le stress chronique, matérialisé par la plus petite taille des glandes surrénales des chats atteints de cystite idiopathique (aussi appelée syndrome de Pandore), montrant que cette affection n'a pas son origine dans la vessie, mais que les désordres du système nerveux autonome s'expriment au niveau de cet organe.

Il arrive que certains propriétaires, excédés par la malpropreté de leur chat ou souhaitant abréger leurs souffrances, demandent leur euthanasie. Des chats ayant ce profil ont été accueillis par le professeur Tony Buffington[28] dans son laboratoire de recherche de l'université vétérinaire de Columbus (États-Unis), pour aider à mieux comprendre les mécanismes physiopathologiques de cette maladie lors de la réalisation d'examens histologiques. Tony se souvient très bien d'une chatte très mal en point, urinant du sang, déprimée. Une semaine plus tard, jour programmé de son euthanasie, avec une préparation nécessaire à la réalisation future d'examens histologiques, il n'a pas reconnu la chatte tant son état s'était amélioré. Judy

Stella, sa technicienne, avait, comme souvent, mis la chatte malade au niveau intermédiaire des cages, donc pas au ras du sol. Et elle s'en était occupée, comme d'habitude, avec sollicitude. Cette chatte, qui s'appelait Claire, avait repris goût à la vie en une semaine, ses urines avaient retrouvé une couleur normale (avec disparition du sang). Ni Judy ni Tony ce matin-là n'ont eu le cœur de faire ce qui était programmé. Claire est restée dans la colonie, et l'équipe de Tony Buffington a commencé à étudier tous les paramètres environnementaux qui modifiaient les signes cliniques de ces cystites invalidantes et qui souvent permettaient la guérison.

C'est ainsi qu'ont été démontrées l'importance de la hauteur à laquelle le chat se trouve dans une cage (mais aussi la hauteur et la liberté auxquelles il a accès quand il est à la maison), l'influence d'éléments aussi subtils qu'un néon défectueux au plafond, un changement de personnel, etc. D'une maladie purement vésicale, la cystite idiopathique est devenue une affection psycho-neuro-endocrinienne dont les causes se trouvent dans la perception émotionnelle de l'environnement par le chat (souvent frappé par des traumatismes émotionnels pendant sa période de développement, par exemple, un chaton qui a été orphelin). Cette compréhension a facilité la mise en place de traitements holistiques, visant à modifier l'environnement du chat pour limiter sa perception de menaces éventuelles, sources de stress.

La cystite idiopathique du chat fait partie des modèles qui aident à comprendre le syndrome de la vessie hyperactive, qui touche environ 11 % de la population[29] (homme et femme) et se traduit par une urgence mictionnelle, pathologie particulièrement invalidante. Il est facile de comprendre la subjectivité d'une envie d'uriner, et ses conséquences sur le comportement social et locomoteur (avec beaucoup de chutes et fractures à la clé chez les personnes âgées), tout en mesurant également que c'est une impériosité sans discussion.

L'ouïe retrouvée

La surdité est un autre handicap qui frappe de nombreuses espèces, dont le chat et l'homme. Chez l'humain, cette infirmité se répercute sur l'acquisition du langage pour l'enfant et sur les capacités cognitives chez la personne plus âgée. Il se trouve que le chat peut naître sourd (c'est souvent le cas avec les individus blancs aux yeux bleus, voir encadré) ou le devenir du fait d'une anomalie génétique (la surdité congénitale, programmée génétiquement, apparaît dans un délai variable). Les chats frappés de ce handicap sont des modèles pour la recherche depuis les années trente et la majorité de nos connaissances sur les modifications des structures de l'audition dans la surdité viennent des travaux exécutés sur les chats, comme le précise Andrej Kral[30], professeur en neurophysiologie auditive à Hanovre. « Les chats sont des mammifères supérieurs très semblables aux humains : ils entendent les basses fréquences essentielles pour les humains (alors que les rongeurs n'entendent généralement rien en dessous de 1 000 Hz) ; leur audition et leur vision sont excellentes (les rongeurs ont une mauvaise vue). Ils répondent très bien aux anesthésiques, c'est pourquoi de nombreuses approches médicales, y compris les plus complexes, peuvent être réalisées sur des chats anesthésiés. Ce sont des animaux nidicoles, avec un cerveau qui se développe après la naissance (comme les humains), leur cerveau est un très bon modèle du cerveau humain – leur cortex cérébral de grande taille comporte, comme chez l'homme, de nombreuses circonvolutions (le cerveau des chats est de type "gyrencéphale" alors que celui des rongeurs est lisse, sans sillon, de type "lyssencéphale"). Même si on dispose d'implants cochléaires pour les rongeurs, les électrodes humaines ne peuvent être utilisées ni testées chez eux et les chats restent essentiels pour ce type de recherche. »

Nous devons en partie aux chats ces nouvelles oreilles électroniques que sont les implants cochléaires et qui ont spectaculairement changé la vie des jeunes enfants atteints de surdité, tout comme celle des adultes. « Il y a trente ans, seule la langue des signes permettait l'accès au langage pour les enfants sourds de naissance. Il y a aujourd'hui environ cinq cent mille patients dans le monde qui ont reçu des implants et le nombre augmente de façon exponentielle. Nous atteindrons le million d'ici à août 2020. Mais il y a beaucoup plus de personnes qui ont besoin de bénéficier des avancées de la recherche. On estime à quatre cents millions, au niveau mondial, le nombre des individus qui souffrent d'un handicap auditif. Et tous bénéficient d'une façon ou d'une autre des recherches faites grâce aux chats.

« Aujourd'hui, les implants cochléaires représentent la prothèse la plus efficace pour le cerveau : ils remplacent les oreilles internes non fonctionnelles et permettent aux sujets sourds d'entendre de façon pleine et entière – et de comprendre le langage. Chez les enfants, ils permettent l'accès à la parole pour ceux sourds de naissance qui peuvent, grâce aux implants cochléaires, accéder au langage parlé ! Cela a représenté une révolution dans la thérapie de la surdité, brisant le handicap social de la surdité profonde.

Les chats ont été essentiels au développement de ces dispositifs. Comme la taille de l'oreille interne du chat partage les mêmes dimensions que celles des humains, les dispositifs humains peuvent être testés par les chats.

Grâce à la "ressemblance" évidente entre les chatons et les enfants, nous avons pu mettre en évidence les mécanismes qui sous-tendent l'adaptation du cerveau des enfants à la surdité et aux implants cochléaires. Ainsi, la maturation du cerveau des enfants sourds de naissance nécessite une stimulation grâce aux implants cochléaires. Nos études chez le chat ont ainsi permis de favoriser les dépistages auditifs précoces sur les nouveau-nés dans de nombreux pays partout dans le monde, et ont permis aussi l'implantation cochléaire au moment le plus approprié (pendant la période critique du développement cérébral).

« Nous continuons d'explorer l'apprentissage et la plasticité cérébrale dans le cerveau du chat sourd. Un chaton sourd équipé d'un implant est d'abord surpris, comme un enfant, lorsqu'il entend un son pour la première fois et, s'il peut le localiser, il va chercher – très précautionneusement – à s'en approcher pour l'explorer, en le regardant et en le reniflant. Ce comportement cesse dès qu'il s'y est familiarisé et, dès le deuxième jour, les chatons implantés se comportent comme des chatons normaux. Ils présentent des mouvements réflexes d'orientation du pavillon de leurs oreilles (en réponse à un son, pour mieux le localiser dans l'espace). Après quelques jours ou semaines les chatons apprennent à connaître quelques sons et à les utiliser – comme les bruits de préparation de leur nourriture. Ils réalisent que quelqu'un approche et réagissent en allant au-devant ou au contraire en se détournant (selon leur humeur) ; ils peuvent aussi être réveillés par un bruit. Les bruits sourds qu'ils produisent eux-mêmes lorsqu'ils jouent (avec un jouet en plastique qu'ils jettent contre une paroi) provoquent des réponses d'orientation – les chatons s'arrêtent dans leur élan, les pavillons de leurs oreilles bougent dans tous les sens et ils regardent autour d'eux. En quelques secondes ils reprennent leur activité. En général ils se comportent comme des chats normaux – à la différence près qu'un chaton implanté ne peut localiser la source du son dans l'espace et que les sons de haute fréquence (supérieurs à 8 kHz) ne sont pas transmis au processeur.

Chez les chats sourds, l'implant cochléaire est un dispositif complexe qui nécessite une collaboration active de l'individu, et nous avons besoin d'éduquer nos chats pour être certains qu'ils tolèrent bien l'implant et le harnais dans lequel se trouve le microprocesseur qui donne le signal (chez le chat, dont la boîte crânienne est trop petite, on ne peut y greffer l'implant, comme on le fait chez l'homme). Les chats implantés ont besoin de soins techniques réalisés quotidiennement et qu'un propriétaire ne pourrait assurer. C'est la raison pour laquelle l'implant cochléaire ne fait pas partie des interventions vétérinaires en routine. Les chats sourds congénitalement sont complètement sourds, mais ne le savent pas et n'en souffrent pas. Ils ne parlent pas et n'ont pas besoin de s'intégrer dans la société. Même s'ils ne peuvent vivre librement dehors, ils sont tout à fait capables d'avoir une vie agréable comme chats de maison, ce que savent tous les propriétaires de chats sourds[31]. »

La surdité du chat blanc

« Le caractère "pelage entièrement blanc" chez le chat est provoqué par un gène muté appelé "blanc dominant". Ce dernier est associé à d'autres particularités qui touchent les yeux et l'audition. Contrairement aux "albinos" (caractère quasi inexistant chez le chat), les chats blancs ont toujours des yeux pigmentés, généralement orange ou bleu clair, plus rarement vairons (un œil orange, l'autre bleu clair), encore plus rarement verts (cas de la race russe, par exemple) ou bleu foncé (cas de l'oriental blanc entre autres). Leur audition peut être normale, diminuée ou totalement absente et les problèmes auditifs peuvent affecter une seule ou les deux oreilles. Une étude menée sur quatre-vingt-cinq chats blancs a montré que la surdité totale affecte plus les chats aux yeux bleu clair (91 %) que les chats aux yeux orange (50 %). Cela amène à conseiller de ne pas marier deux chats blancs ensemble, pour éviter de produire des chatons avec deux gènes mutés, et à préférer les sujets aux yeux orange. Ces problèmes de surdité, ainsi qu'une plus grande fréquence d'apparition de cancer de la peau sur les oreilles, le nez ou la commissure des yeux si le chat s'expose au soleil, font qu'un certain nombre d'instances professionnelles internationales souhaitent que la reproduction de chats de race à robe "blanc dominant" soit arrêtée. En ce qui concerne les chats "de maison" ou les chats harets, une synthèse reprenant les observations faites dans trente villes d'Europe de l'Ouest montre que le gène muté "blanc dominant" est très peu fréquent (en moyenne 1 %) par rapport au gène sauvage (en moyenne 99 %). Cela permet d'estimer que, dans ces populations, il y a environ deux chats blancs pour cent chats. Des chiffres similaires ont été trouvés aux États-Unis et en Asie. Cette très faible fréquence de chats blancs, alors que la mutation est présente depuis longtemps, pourrait être expliquée par une sélection naturelle : la surdité qui affecte ces chats limite sans doute leurs chances d'atteindre l'âge de la reproduction. »

Témoignage du professeur Philippe Bossé,
École nationale vétérinaire d'Alfort

Certaines maladies génétiques[32]

On dénombre actuellement trois cent quarante-quatre phènes[33](caractères héréditaires génétiquement déterminés, comme la couleur des yeux, du pelage, les maladies héréditaires) chez le chat domestique - dont le génome a été séquencé pour la première fois en 2007 chez un abyssin –, dont deux cent onze caractères héréditaires (essentiellement des maladies, pour lesquelles l'animal peut être un modèle pour l'humain).

Atrophies rétiniennes

Le chat peut être un excellent modèle pour des atrophies rétiniennes, notamment pour tester des thérapies géniques, des cellules-souches, des greffes de rétine ou des prothèses. Bien que la souris soit communément utilisée comme modèle animal de nombreuses maladies, dans le domaine de l'ophtalmologie, particulièrement pour étudier la rétine, sa taille est incompatible avec les outils de mesure et les instruments chirurgicaux utilisés pour les humains. Chez certains abyssins, porteurs d'une mutation appelée CEP290, la cécité peut survenir vers l'âge de 3 à 7 ans, par diminution de la présence des bâtonnets dans la rétine, entre autres.

Une dysplasie rétinienne a également été identifiée dans cette race et une lignée (portant la mutation appelée *Rdy*) a été élevée pour servir de modèle à l'affection similaire qui frappe les humains. La cécité est ici fulgurante, dans les premiers mois de la vie, par absence de développement normal des cellules de la rétine. Chez le persan et le bengal, quelques cas ont été décrits qui pourraient également devenir des modèles pour la compréhension des atrophies rétiniennes humaines. Bien que la rétine du chat ne présente pas de macula comme celle des humains, elle a au même endroit topographiquement une aire centrale très riche en cônes, ce qui fait de la rétine du chat un miroir presque parfait de la rétine humaine.

Depuis plus d'un siècle la vision du chat est étudiée par les neuroanatomistes et neurophysiologistes pour comprendre notre vision. Après avoir validé sur des cellules l'efficacité des thérapies géniques, le chat porteur d'une anomalie rétinienne est l'intermédiaire idéal pour en confirmer l'efficacité avant de traiter l'humain. Les cellules-souches ont déjà été utilisées avec succès, mais la greffe de rétine s'est avérée délicate, en raison de la dimension de la structure et de sa vascularisation. La pose de prothèse est l'option thérapeutique la plus prometteuse, avec des premiers essais encourageants, pour le chat comme pour les humains.

Une maladie neurodégénérative rare de l'enfant

La maladie orpheline Niemann-Pick de type C est une maladie neurodégénérative lysosomale[34], caractérisée par l'accumulation de certains lipides, notamment au niveau du cerveau, en raison du fonctionnement anormal des lysosomes, petites structures contenues dans les cellules et chargées d'éliminer les métabolites. Sans traitement à ce jour, elle provoque la mort vers l'âge de 20 ans des enfants qui en sont atteints, du fait de la dégénérescence nerveuse provoquée par la surcharge lysosomale. La découverte de cette maladie chez le chat date de 2003[35] et, en 2018, les résultats d'une étude[36] chez le chat ont fait état de l'efficacité d'une molécule (hydroxypropyl-bêta-cyclodextrine ou HPβCD) chez les individus traités, qui ont présenté une rémission des symptômes associée à une espérance de vie significativement supérieure : les chatons non traités n'ont vécu que vingt-quatre semaines alors que ceux qui ont été traités ont vécu de vingt-sept à cent trente-huit semaines. Les chercheurs ont souligné combien le modèle du chat était proche de l'enfant, et sans comparaison en matière de résultats avec le modèle de la souris. Cette molécule est désormais en essai clinique sur les humains.

Une maladie du cœur

La myocardiopathie hypertrophique est une affection cardiaque que partagent humains et chats, évoluant en insuffisance cardiaque en raison de l'épaississement des parois du cœur, puis de la dilatation finale de l'organe. Les myocardiopathies du maine coon et du ragdoll bénéficient de tests génétiques spécifiques. L'expression clinique chez le chat et l'homme est très proche, avec plus de morts subites chez l'homme et d'accidents thrombo-vasculaires chez le chat, présentant tous les deux des anomalies du ventricule gauche qui se dilate en fin d'évolution de la maladie. Les thérapies se limitent aux seuls médicaments chez le chat, qui ne peut bénéficier de la chirurgie cardiaque, même s'il peut être un modèle[37] pour les humains.

Le cancer du sein

Les tumeurs mammaires (adénocarcinomes) de la chatte représentent un modèle animal précieux pour vérifier l'efficacité thérapeutique de nouveaux médicaments, ciblés sur des facteurs moléculaires précis, pour lesquels une médecine collaborative entre les vétérinaires et les médecins pourrait faire progresser la santé des femmes. Les tumeurs mammaires chez la chatte sont malignes dans 90 % des cas, et la stérilisation des chattes destinées à la compagnie, le plus tôt possible (après les premières vaccinations et avant la puberté, entre 3 et 4 mois), permet de réduire de plus de 90 % le risque de leur développement. C'est la troisième des tumeurs en fréquence chez la chatte, après le lymphome et les tumeurs cutanées. Les tumeurs mammaires de la chatte, par leur nature, leur morphologie et leur évolution, sont un modèle pour le cancer du sein la femme

Ces tumeurs ne répondent pas aux traitements conventionnels (chimiothérapie, hormonothérapie), car elles n'expriment généralement pas de récepteurs à l'œstrogène et à la progestérone, ni au facteur de croissance épidermique humain (HER2). Elles ont de ce fait un phénotype « triple négatif », tel qu'il est souvent retrouvé lors de mutation BRCA1 chez la femme ou même en l'absence de toute mutation identifiable, ce « triple négatif » étant souvent synonyme malheureusement d'un pronostic sombre. Dans ces formes agressives de cancer, on retrouve un facteur de survie des cellules cancéreuses, le mTOR (*mammalian target of tapamycin*), présent chez les femmes atteintes comme chez les chattes. Le ciblage de ce facteur est une des pistes thérapeutiques explorées actuellement.

Par ailleurs, la présence d'une enzyme que ces tumeurs sécrètent – la sphingosine kinase 1 (SPHK1) – maintient et permet leur développement, avec une résistance à la chimiothérapie. Cette enzyme est présente chez la chatte atteinte d'une tumeur mammaire, comme chez certaines femmes atteintes d'un cancer du sein. Une étude *in vitro* réalisée sur une chatte par une équipe chinoise[38] en 2019 a confirmé l'utilisation d'inhibiteurs de cette enzyme comme thérapie prometteuse. Une équipe vétérinaire française d'Oniris[39] vient de montrer que la présence chez la chatte, comme chez la femme, de la protéine Bcl2, qui doit son nom à sa présence dans les cellules B lymphocytaires, est d'un pronostic plus favorable, avec des taux de mortalité due au cancer plus bas à deux ans, 51 % chez les chattes porteuses de Bcl2, contre 73 % chez les autres.

Au terme de cet inventaire des principales avancées scientifiques et des découvertes essentielles pour la santé humaine, au cœur desquelles le chat a été moteur et acteur, souvent malgré lui, avec des équipes de scientifiques talentueuses, une chose est certaine : il nous faut vraiment remercier les chats !

Quelques prix Nobel auxquels le chat a contribué[40]

L'institution Nobel met un point d'honneur à créditer chaque espèce animale de sa contribution aux prix qu'elle remet. Le chat est crédité actuellement de douze prix pour cette discipline, mais il en mérite bien plus, puisque les physiologistes ont presque tous travaillé sur cette espèce. Même en mathématiques, en littérature bien sûr, ou en physique, le chat a inspiré des découvertes – comme celle de Schrödinger en physique quantique.

1906	Transmission de l'influx nerveux entre les cellules	Ramon y Cajal
1912	Sutures vasculaires	Alexis Carel
1924	Électrocardiogramme	Willem Einthoven
1928	Typhus	Charles Nicolle
1932	Réflexes spinaux	Sir Charles Scott Sherrington
1936	Transmission chimique de l'influx nerveux	Sir Henry Dale/Otto Loewi
1944	Fonction des cellules nerveuses	Joseph Erlanger/Spencer Gasser
1949	Sommeil physiologique	Walter Hess
1963	Mécanismes ioniques de transmission dans les cellules nerveuses	Sir John Eccles
1967	Structures de la rétine	Keffer Hartline

1970	Mécanismes de stockage et relargage des informations dans les cellules nerveuses	Sir Bernard Katz
1981	Processus de la vision	Torsten Wiesel/David Hubel
2008	Mise en évidence du VIH	Françoise Barré-Sinoussi/ Luc Montagnier

6.

À l'école des chats

> « Tant que vous n'avez pas aimé un animal, une partie de votre âme sera toujours sans éclat, endormie. »
>
> Anatole France

Une beauté inspirante et relaxante

Le visage du chat (à quelques exceptions près) répond aux critères que les éthologues Konrad Lorenz et Niko Tinbergen décrivent à propos des visages de bébés, dont la silhouette induit des réactions d'attention[1] et d'empathie immédiate. Là où nous disons « trop chou », « mignon », « mimi » (le surnom de tant de chats !), les Anglo-Saxons disent *cute*, et les Japonais *kawaii*, qui signifiait originellement « impossible à regarder tant il me fait pitié, tant il me fend le cœur », puis qui, évoluant vers « trop mignon, impossible de le laisser seul », est devenu leur synonyme de *cute*. Certains de leurs Pokémons ou Hello Kitty sont de bonnes illustrations de ce qui peut être *kawaii*. Le graphisme de nombreux personnages de Walt Disney joue également sur l'allure de ces personnages aux visages ronds et disproportionnés par rapport au corps, au front proéminent et aux yeux immenses, que le dessinateur Louis Wain avait inventés au XIXe siècle.

Un dessinateur génial[2]

Le chat est une inspiration pour les dessinateurs dont le plus connu, en Grande-Bretagne et dans le monde, est Louis Wain, né en 1860, qui, dès l'âge de 26 ans, signe son premier dessin de chat, *A Kitten's Christmas Party*, puis illustre un livre pour enfants, avant de populariser les dessins de chats et de devenir célèbre, sans faire fortune. C'est pour distraire son épouse, qui souffre d'un cancer du sein qui va l'emporter trois ans à peine après leurs noces, qu'il dessine d'abord leur chaton, Peter, un tabby noir et blanc qui leur a été offert pour leur mariage et qui va changer leur vie. Sa femme Emily trouve les dessins de son mari si beaux et si drôles qu'elle le convainc d'aller les vendre. Après la mort de sa femme, il revient dans la maison familiale s'occuper de ses cinq sœurs célibataires. Sa production atteint jusqu'à mille cinq cents dessins par an, dont les meilleurs sont réunis chaque année dans le *Louis Wain Annuals*. Il invente un style, avec des chats aux facéties d'enfants, qui rendent heureux petits et grands. Ses dessins de chats sont reproduits par millions, en Angleterre comme aux États-Unis. Plus qu'anthropomorphiser des chats, Wain « félinise » les humains, qu'il croque sur des carnets, dans toutes les situations de la vie courante. « J'ai toujours un cahier de croquis quand je suis au restaurant ou dans un lieu public et je dessine les gens dans différentes positions, en chats, en gardant le plus possible des caractéristiques humaines », racontait-il pour décrire sa méthode. « Cela me donne une double nature, et je pense que ces études sont mon meilleur travail humoristique. »

Victime d'un accident de circulation en 1914, alors qu'il allait signer un contrat pour transformer son héros félin, *Pussyfoot*, en ce qui aurait dû être le premier dessin animé, sa santé mentale se détériore et il est transféré à l'hospice de Bethlem à Londres, grâce à une collecte encouragée par le Premier ministre de l'époque – la première *fund raising* ! – qui lui est reconnaissant de toute la bonne humeur que ses chats ont apportée à tant d'enfants et de parents. Il continuera dès lors à peindre sans pression ni souci d'argent. Malgré, ou grâce à des troubles mentaux (diagnostic de paraphrénie à l'époque, qu'on appellerait Asperger aujourd'hui), qui attristeront la fin de sa vie, Louis Wain saura mieux qu'un autre transcrire l'alchimie délicate qui fait le caractère des chats, un mélange de fantaisie et de pure joie de vivre, teinté d'une mélancolie, compagne de l'anxiété, toujours latente.

Chat dans une carriole avec des souris, dessin de Louis Wain, c. 19e
Bethlem Museum of the Mind, Beckenham, Kent © Bridgeman Images

Les persans, british, scottish, chartreux sont particulièrement *cute*, et tous les chatons d'une façon générale… Un scientifique australien, Ralf Buckley[3], a même proposé d'utiliser l'onomatopée quasi universelle « aww », pour nommer l'émotion provoquée par la *cuteness* (« trop chou », « trop mimi ») ! D'autant que le mot anglais *awe* signifie « admiration »…

Lorsque nous voyons le visage rond, entendons le babillement, le rire d'un bébé et que nous sentons l'odeur de sa peau, nous n'avons qu'une envie, sourire, le prendre dans nos bras, jouer. Même atteint d'une grande mélancolie, coincé dans le métro, voir le visage d'un bébé, jouant avec sa main ou son pied, a le don de changer temporairement notre humeur. Les chatons (et les chiots) partagent avec les bébés ce pouvoir d'éveiller notre empathie, notre compassion et notre envie de prendre soin d'eux.

Comme le disent Morten Kringelbach, universitaire danois en neurosciences, et ses collègues[4], la *cuteness* a le pouvoir de nous mettre en action et d'élargir le cercle moral de notre compassion, les femmes étant globalement plus sensibles que les hommes, avec des modulations de cet effet en fonction des personnalités[5]. Un des effets majeurs de la *cuteness* est de capter l'attention. Cet effet distrait bien sûr de l'activité qu'on avait avant d'avoir les yeux rivés sur un bébé ou un chaton, mais la qualité d'attention persiste après, comme l'ont montré en 2009 Sherman et ses collègues[6] en faisant réaliser des tests à vingt-quatre femmes et vingt-quatre hommes. Leurs capacités de réussir les tests a augmenté après avoir visionné des photos de bébés, de chatons ou de chiots.

N'hésitez donc pas à parfois consacrer du temps, en guise de pause, à regarder des photos de chatons sur votre ordinateur ou votre smartphone, vous n'en serez que plus efficace ensuite, de la même manière qu'afficher des photos des êtres qui vous sont chers dans votre bureau stimule votre cerveau autant que cela rend votre environnement chaleureux. Les structures cérébrales activées par la vue d'un être *cute* sont celles de la récompense, donc sont toujours agréables[7].

Si l'effet *cuteness* étudié par les scientifiques permet de comprendre en quoi le visage d'un chaton, comme de celui d'un bébé ou d'un chiot, nous émeut joyeusement, aucune étude de neurobiologie ou de psychologie ne s'est encore intéressée aux effets positifs de la beauté de ce compagnon – véritable œuvre d'art vivante – sur notre vie.

Les femmes et les hommes ne sont pas égaux devant l'effet *cuteness*, auquel les premières sont plus sensibles. Ainsi, lors de l'adoption d'un enfant, c'est ce qui sera déterminant pour les femmes, avec le coup de cœur au premier regard alors que les hommes cherchent plus un enfant qui leur ressemble. Les enfants, quant à eux, sont sensibles dès l'âge de 3 à 6 ans au côté irrésistible non seulement de leurs semblables, mais aussi des animaux, qui les fascinent, surtout quand ils sont jeunes[8]. Une équipe italienne a montré en 2014 comment le jeune enfant note très positivement les photos de bébés, qu'ils soient humains ou animaux, photos numériquement modifiées pour rendre plus ou moins mignons les sujets ; pour vérifier la notation faite par les enfants, les chercheurs ont analysé la direction de leur regard en fonction des photos, montrant la corrélation entre notation et regard. Ce fut une première pour cette équipe, qui a pu mettre en évidence que les jeunes enfants regardent d'abord longuement les yeux, puis le nez et, enfin, la bouche, celle-ci ayant plus d'importance quand ils regardent un humain, probablement parce qu'ils savent qu'elle peut délivrer des messages.

Maître zen et accompagnateur

Chaton ou chat, les chats ouvrent donc les portes de notre cœur, de notre mental, et nous initient à leur façon d'envisager le monde, c'est-à-dire en y laissant librement circuler l'énergie et la flexibilité. En matière de compassion, le chat est un véritable maître zen qui ne ménage pas ses enseignements et contribue à éveiller notre curiosité à son contact. Si le chat est souvent un familier qui s'invite sans crier gare dans une unité de soins, comme un hôpital, il sait aussi devenir un accompagnateur de soins précieux en médiation animale, fidèle collaborateur auprès des plus vulnérables – personnes en situation de handicap physique ou psychique, personnes âgées, etc. voire auprès des prisonniers, dans des structures où il faut montrer patte blanche, pour entrer.

Dans les lieux de soin (hôpitaux, maisons de retraite), la présence des chats, trouvant leur pitance dans les poubelles et nettoyant les lieux de la vermine, a été tellement naturelle historiquement qu'elle est rarement formalisée par une convention ou un protocole. Certains chats sont même accueillis clandestinement par les patients et certains soignants ! Avec le chat, aucune règle ne peut être établie, tout est possible. Il ne rentre pas dans les cases ni les protocoles. Cependant, ses activités en milieu thérapeutique doivent être encadrées, à la fois pour assurer son bien-être et pour rassurer personnel, familles et patients. À celles et ceux qui souffrent d'une maladie mentale ou d'un autre handicap qui les contraint à réduire leur périmètre d'autonomie, le chat apporte alors souvent un soutien d'une dimension différente et complémentaire de celle apportée par le chien, que l'on rencontre plus souvent en institutions médicales ou carcérales.

Bien qu'il soit évoqué dans de nombreux manuels pédagogiques, présents dans les contes, les récitations, les poèmes, les illustrations, la plupart du temps le chat n'est malheureusement familier des écoles que sur le papier et dans l'imaginaire des enfants. Car la présence de chiens est beaucoup plus fréquente en visiteurs d'écoles, voire en mascotte permanente, que celles des chats, l'allergie étant la crainte et la contrainte à prendre en charge. Presque aucune publication scientifique ne fait référence à des expériences de présence ou animations avec des chats, qui sont le fait de rencontres entre un chat et un enseignant.

En revanche, le chat a fait sa place dans nombre d'institutions grâce à des acteurs de la médiation animale dont les expériences et les témoignages sont éloquents. Résident ou visiteur, auprès d'un psychologue, psychanalyste ou dans des établissements de soins, le chat est un véritable collaborateur de santé des soignants, avec lesquels il œuvre de concert, devenant pour leurs patients un partenaire thérapeutique à part entière.

Facilitateurs thérapeutiques

L'arrivée programmée ou fortuite d'un chat dans un lieu et une structure modifie les interactions de celles et ceux qui y travaillent, des patients qui y résident, pour autant que les équipes de soins ou d'encadrement acceptent ces collaborateurs inattendus. Didier Vernay, neurologue au CHU de Clermont-Ferrand, fondateur du diplôme universitaire « Relation d'aide par la médiation animale[9] » en 2009, raconte avec gratitude comment, lorsqu'il s'occupait d'un dispensaire en Algérie, un petit bout de chatte, Amchich (« chat » en kabyle), qu'il avait soignée, avait fait son miel de toutes les vermines qui empoisonnaient les locaux (blattes, souris, grenouilles), devenant rapidement une auxiliaire sanitaire hors pair. Adulte, elle n'avait pas son pareil pour savoir très exactement quand il revenait du désert, et elle se trouvait sur la place du village alors que personne ne l'avait vue aux alentours les jours précédents. Le sixième sens des chats est une réalité qu'il faut admettre, en leur en laissant le bénéfice et le mystère ! Le docteur Vernay a eu, par la suite, l'occasion de constater plusieurs fois au cours de sa carrière le bienfait apporté à des patients par l'intrusion de chats qui se sont imposés dans des établissements de soin. « Ils avaient en commun d'être résolument têtus, semblant être habités par une mission. À force d'obstination et de ruse, ils ont fini par pénétrer nos territoires, nos cultures pour venir nous donner non “la bonne parole” mais la bonne attitude, le bon comportement et surtout la qualité d'une présence puissante et discrète, intrusive et respectueuse, inventive et juste[10]. »

Rééducation avec Prozac

« Prozac, le bien nommé, a œuvré dans le service de rééducation fonctionnelle d'un centre hospitalier. Ce chat tout noir avec une petite tache blanche en cœur errait autour de l'hôpital et s'obstinait à vouloir pénétrer dans les salles de rééducation. Régulièrement, il était tenu à distance, mais repoussé d'un côté, il revenait d'un autre… C'est un enfant bosniaque qui a fait basculer ce scénario. Il avait vécu la guerre des Balkans et fréquentait le service car il avait été opéré des pieds. Lors de son travail de marche à l'extérieur, tous avaient constaté qu'il aimait le chat qui rôdait aux alentours. À l'occasion d'un traumatisme supplémentaire, le garçon devint mutique de façon durable. Le kinésithérapeute qui le prenait en charge – démuni comme les autres devant cet état –, sachant que la vue du chat noir lui ferait plaisir, laissa l'enfant et le chat se rencontrer. Il y avait bien sûr des choses à dire entre ces deux-là et la parole de l'enfant revint.

« Le chat changea de statut, fut admis en rééducation et continua le travail, stimulant les apathiques, calmant les angoissés, aidant les uns et les autres en toute discrétion et facilitant le travail de beaucoup. Cerise sur le gâteau, ses compétences dans les propositions d'exercices de rééducation neuropsychologique étaient tout à fait pertinentes, en particulier dans l'un des domaines les plus difficiles de la rééducation neurologique, les hémi-négligences, puisque le patient n'est pas conscient de son trouble et doit être régulièrement stimulé de façon adéquate. Lorsqu'on demanda à une patiente pourquoi elle appelait le chat Prozac, la dame confessa qu'elle ne prenait plus son antidépresseur depuis l'arrivée du chat, car celui-ci lui faisait plus de bien que le médicament. Le nom est resté, un statut fut donné à l'animal avec couverture vétérinaire, assurance… et il laisse un souvenir ému, bon pionnier de la présence animale hospitalière et de son potentiel. »

Libérateurs de parole et coachs bienveillants

Avec les chats errants, qui choisissent librement d'aller et venir dans une unité de soins, s'ouvre donc un champ de thérapie peu conventionnelle et difficile à faire rentrer dans un schéma académique. Il faut d'ailleurs souligner le courage des soignants, psychothérapeutes, psychanalystes, qui travaillant en établissements de soins ou en libéral, osent écrire des articles scientifiques. Les belles histoires qui font le bonheur des journalistes sont souvent décriées par les scientifiques qui fustigent parfois encore leurs confrères à l'origine de ces initiatives de médiation animale.

Pour autant, les publications de psychothérapeutes qui ont osé ouvrir leur salle de consultation et leur fenêtre à ces cothérapeutes aux parcours cabossés sont riches d'une humanité et de possibilités de résilience infinies. C'est le cas d'un centre de santé mentale du Michigan, le *Gratiot County Community Mental Health Center*, installé en milieu rural, avec une faune et une flore sauvages abondantes. Eileen Wells, thérapeute dans ce centre[11], a eu la bienveillance d'y accueillir des chats errants à côté de son bureau, ce qui a libéré la parole et les émotions de certains de ses patients. Pour la thérapeute, le fait d'avoir été à l'origine de la mise en sécurité de ces chats errants, de leur avoir ouvert la fenêtre, a témoigné mieux que tout de son empathie, une assurance réconfortante pour ses patients. Elle en parle ainsi :

« J'ai d'abord aperçu des chats qui rôdaient autour de mon bureau et qu'il aurait été impossible d'ignorer. Le centre de santé mentale était situé dans une zone rurale avec des étendues boisées à proximité. Ma salle de consultation était au rez-de-chaussée, ainsi, lorsque la fenêtre coulissante était ouverte, un chat pouvait facilement entrer. Au début, j'ai juste décidé de les nourrir, ce qu'ils ont semblé apprécier visiblement. Je ne savais pas combien il y en avait, mais, au fil du temps, un chat en particulier a semblé intéressé au point de s'approcher, ce qui m'a finalement permis de le toucher. Comme je m'inquiétais pour lui, je lui ai construit un abri, situé juste devant mon bureau et j'ai été heureuse qu'il l'utilise. »

Quand ce chat a donné naissance à… trois petites chattes, Eileen Wells a compris que c'était une chatte, et l'a baptisée MC, pour *Mother Cat* (Mère Chatte)[12]. Le premier contact entre les chattes et ses patients a été tout simplement accidentel, lorsque l'une d'elles est entrée dans sa salle de consultation par la fenêtre ouverte, en sautant directement sur son bureau. La thérapeute a laissé ensuite à chacun de ses patients la possibilité d'entrouvrir (ou pas) la fenêtre, pour permettre aux chattes qui le souhaitaient de s'inviter pendant l'entretien. Dans la salle, l'une d'elles avait adopté la corbeille à lettres comme lit de sieste. De la fenêtre, les patients pouvaient voir les chattes et les petits abris qui leur avaient été faits, sans se sentir obligés ni coupables d'ouvrir la fenêtre ou de la laisser fermée. Pour la thérapeute, ce sont les patients les plus atteints (troubles de la personnalité, schizophrénie) qui ont établi les liens les plus forts avec les chats. La présence de ces derniers a permis, notamment à des patients ayant souffert de violences sexuelles, de verbaliser, souvent pour la première fois, ce qui leur était arrivé, et de s'envisager, en miroir avec ces chats errants, non seulement comme des victimes, mais comme des survivants capables d'une autre vie.

Eileen Wells raconte ainsi le cas de ce jeune adolescent de 14 ans, victime d'un viol à l'âge de 8 ans, qui n'a pas pu s'en souvenir sur le moment, mais a finalement pu le raconter en pleurant au moment où sa chatte préférée a sauté sur ses genoux, pendant une consultation.

L'attention et la tendresse que certains chats ont prodiguées à certains patients n'ont pas de prix. Ces chats ont témoigné mieux que personne à ces patients combien ils comptaient pour eux, donc les ont valorisés. Beaucoup ont pu raconter les liens très forts qu'ils avaient eus avec un animal dans leur enfance, en l'absence de tout lien humain sécurisant. D'autres ont, pour la première fois, témoigné d'une réaction empathique, s'inquiétant quand un chat manquait à l'appel. Les chats ont également permis d'établir un contact sans aucune connotation sexuelle, la stimulation tactile étant interdite entre le thérapeute et le patient. N'étant pas astreint à ce devoir de réserve, le chat a pu, par sa présence sur les genoux, par ses câlins, apaiser certains patients tout autant que les libérer de fardeaux et de secrets refoulés depuis un temps infini.

Boosteur de thérapies dans les services psychiatriques

En Suisse, à Bâle, la présence des chats au sein des services psychiatriques[13] de l'hôpital universitaire a été évaluée par cent soixante-dix patients, principalement atteints de dépression, addictions et psychoses. Ceux résidant dans les unités où les chats étaient présents ont exprimé un niveau de satisfaction plus élevé, ils ont mieux accepté leur traitement et surtout trouvé le personnel soignant et les lieux beaucoup plus agréables que ceux résidant dans les autres unités.

Les chats peuvent donc avoir un effet démultiplicateur sur les patients hospitalisés en services psychiatriques. Ce qu'attestent, par ailleurs, les témoignages des patients comme des soignants de cet hôpital, où les activités thérapeutiques assistées par l'animal s'inscrivent dans une longue tradition depuis près de cent ans et dans la recherche clinique depuis dix ans. Le professeur Undine Lang témoigne : « Nous savons par nos projets de recherche que les animaux créent une atmosphère familière, augmentent la pleine présence/conscience et l'attention, font diminuer l'agression, aident à diminuer l'anxiété et la dépression et régulent le système de stress, augmentant l'ocytocine, qui augmente l'empathie envers les humains et fait baisser la pression artérielle et la sécrétion d'hormones du stress. Nous avons appris de notre pratique clinique que les animaux aident les patients à nouer des contacts, à se sentir responsables, à communiquer et à agir activement ; ils aident les patients à surmonter l'anxiété et la timidité et, grâce à leur présence, ils se sentent rassurés et en sécurité, avec un élément hédonique dans leurs vies souvent troublées. Les infirmières principales et les médecins du service ont décidé d'avoir un chat. Mais ce sont les chats qui ont surtout choisi eux-mêmes l'unité qui leur convenait, quitte d'ailleurs à changer d'unité[14]. »

Témoignages de patients

« J'aime voir la confiance que le chat met en moi quand il me rejoint. Ça me calme de caresser le chat, et je sens la chaleur de son corps. »

« Chaque soir je rends visite aux animaux dans leurs écuries, leurs étables et je regarde si le chat est là. Si je le vois, je m'assieds sur le banc et il vient me rejoindre. Ensemble nous apprécions les heures du soir. Je peux le caresser et ça me fait du bien, et peut-être aussi à lui. »

« Ça me touche jusqu'au cœur quand le chat vient à moi, et quand il m'autorise à le caresser, je suis joyeux. »

« C'est très apaisant et enrichissant d'avoir autant d'animaux hébergés dans la clinique. Il faudrait qu'il y ait un chat thérapeutique dans chaque unité. »

Compagnon de divan du psychanalyste

Au-delà de l'accueil de chats du hasard, certains soignants font le choix assumé de travailler en compagnie de leur chat. En 2013, douze psychanalystes français ont ainsi rendu hommage[15] aux chats qui les accompagnent dans leur pratique. « Ils sont les rois du silence, avec ces visages d'une neutralité quasi analytique qui suscitent chez l'autre autant la fascination, la vénération que la haine », témoigne Julia Martin. Jean-François Solal prête sa plume à son chat dans un texte intitulé « Le Maître de Monchat » (version féline, en miroir, d'un autre texte intitulé, « Chat de Tonmaître »), qui précise bien le dilemme, freudien ou jungien selon les écoles, d'être un psychanalyste avec chat, sans vouloir un jour entendre dire de lui qu'il est un chat avec psychanalyste ! Quant à Marie-France Biard, elle reconnaît à sa petite chatte persane rousse « les qualités princeps d'un analyste, la distance et la présence, qu'elle savait admirablement conjuguer. [...] Elle jouait avec subtilité de la présence-absence, la visibilité et l'invisibilité, jamais dans l'axe direct du regard de mes patients, toujours dans une position oblique qui favorisait cette position tierce qui, nous le savons, offre bien des avantages dans la conduite de la cure analytique et dans la vie en général. »

Autant dire qu'avec cet ouvrage, ces douze psychanalystes français ont validé les acquis de l'expérience de leurs chats auprès de leurs patients humains, mieux que ne le feraient des publications scientifiques. Or, nous savons tous qu'être reconnu par ses pairs est une véritable consécration. Les chats, par leur nature, leur comportement, leur silence souvent inspirant et leur présence chaleureuse savent nous questionner, l'air de rien, et nous indiquer des chemins inédits de réflexion et de résolution de nos soucis.

Un thérapeute « chat l'heureux » !

Snuggles est le maine coon red d'Evan Imber-Black, thérapeute familiale, aujourd'hui professeure dans le département de psychiatrie du collège de médecine Albert-Einstein du Bronx. Dans un émouvant éditorial, Evan Imber-Black a raconté comment Snuggles a su remettre du lien au sein d'une famille venue consulter : une jeune fille de 19 ans, son oncle de 37 ans, et la grand-mère de 78 ans, dont les proches craignaient qu'elle ne prenne le chemin de la démence. La toute jeune femme, en tentant d'exprimer le désespoir de leur situation, a fondu en larmes, ce qui a poussé Snuggles à bondir sur ses genoux, à mettre ses pattes de géant autour de son cou, et à lui décocher de grands coups de tête affectueux, comme les maine coon en sont capables. Les larmes furent vite séchées, avec ce commentaire de son oncle : « Nous devrions en prendre de la graine et prendre soin les uns des autres ainsi[16]. »

Snuggles non seulement a contribué à des thérapies, mais par sa simple présence a permis aux patients de sa maîtresse d'évoquer les animaux de leur enfance et de retrouver des liens, des émotions qui les ont aidés à se retrouver et se réconcilier avec eux-mêmes, leur passé, leur famille, donc à guérir et grandir.

Comme d'autres soignant(e)s, Evan Imber-Back souligne le côté tactile du chat, qui peut s'autoriser des gestes d'affection que le code de déontologie réprime pour tout thérapeute. Ces gestes d'affection spontanée, chaleureux au sens propre, sont très réconfortants pour les patients.

Chats visiteurs

Depuis quelques années, avec la mise en place de formations en médiation animale dans les universités françaises, se sont développées des interventions d'animaux visiteurs au sein d'établissements de soins, comme les Ehpad et les instituts thérapeutiques, éducatifs et pédagogiques (ITEP), ainsi qu'au sein d'établissements carcéraux.

La professionnalisation de ces interventions garantit le bien-être des chats qui interviennent tout comme elle assure les patients, leurs familles et les équipes soignantes de la qualité des interactions proposées.

Dans les Ehpad

En gérontologie, la présence des chats est naturelle depuis longtemps dans les institutions. Les chats sont là, se font leur place, trouvent de bonnes âmes. L'arrivée d'un chien donne lieu pour sa part à l'établissement d'un protocole, l'attribution d'un lieu de vie, d'un maître. Le chat, par définition, est autonome, fait sa vie, et il est, par nature, communautaire. Il fait partie du bien commun et peut devenir une coprésence familière – comme Prozac –, puis acquérir un statut véritable, reconnu par les soignants et les soignés reconnaissants. Enfin, le chat peut intervenir à heure et jour fixes, dans des séances de médiation animale.

Souvent, dans les chambres des résidents, il y a une photo d'un animal que le patient a dû quitter. Et pour les familles, savoir que leurs parents vont pouvoir retrouver un contact avec un chat, un chien les déculpabilise d'avoir été contraints de les placer.

D'ailleurs, lorsqu'elles le souhaitent, les familles peuvent aussi assister aux séances de médiation animale. Il est rare qu'un patient reste indifférent aux animaux, même si certains ont eu une approche utilitaire de l'animal à la ferme. Certains, en colère permanente, renfermés sur eux-mêmes, ont pu raconter des souvenirs cohérents, parler alors qu'ils étaient muets, et montrer qu'ils entendaient tout, pourvu que ce soit un animal qui s'exprime !

Maxou, avec « sa gueule de lynx » est un chat de médiation animale depuis deux ans. Thierry Dzyczko est un retraité actif qui s'est formé à la relation d'aide par la médiation animale avec le diplôme universitaire[17] de Clermont-Ferrand. Il a ensuite choisi un maine coon auprès d'une éleveuse qui a compris son projet et su le conseiller, en lui faisant attendre une portée d'Hannibal, un mâle particulièrement amical avec le genre humain. Maxou est donc arrivé stérilisé et identifié chez Thierry à l'âge de trois mois et demi, ayant déjà commencé son éducation par le port du harnais, avec son éleveuse. Avant de prendre ses fonctions (une fois par semaine pour certains Ehpad, une fois par mois pour d'autres), Maxou a été évalué pour son comportement par une vétérinaire.

Thierry a gardé de sa formation professionnelle le goût de l'ordre et de la méthode, et il prend soin d'arriver avec Maxou une demi-heure avant le début de la séance, quand elle est collective et a lieu dans une salle, de telle sorte que Maxou puisse s'acclimater en faisant un tour. Ensuite, Maxou prend la pose, au centre de la table, entouré des résidents de l'Ehpad. Dans une autre vie, Maxou a dû être modèle pour Rodin, tant il aime rester ainsi l'objet de tous les regards, de toutes les mains. Maxou peut intervenir aussi en séance individuelle, directement auprès des personnes, dans leur chambre. Et avec son format de géant, il ne passe pas inaperçu ! En voyant Maxou, une des résidentes, presque centenaire, est sortie de son mutisme pour faire remarquer à la directrice, Laurence : « Y a la queue du chat qui dépasse derrière la télé ! » Maxou viendra rendre visite à cette résidente jusqu'à la fin de sa vie, en lui donnant un dernier grand et simple bonheur, celui de sa présence chaleureuse : « Ah, mais c'est chaud… »

Avec Maxou, chacun revient à son intériorité, ses émotions et leur verbalisation, avec une fluidité impressionnante pour des personnes atteintes de déficits cognitifs importants, selon Muriel, l'ergothérapeute de l'équipe. Le bonheur de toucher un chat tout doux et si chaud libère bien des tensions. Comme cette patiente qui avait les poings fermés, mains recroquevillées, incapable de manger seule, mais qui pour faire un câlin à Maxou a ouvert sa main le plus naturellement du monde.

Thierry a ainsi retrouvé dans un autre établissement un résident qui n'avait pas semblé accrocher avec Maxou, au cours de trois séances. Mais qui a réclamé à voir Maxou, dès qu'il a su que ce dernier interviendrait dans son nouvel établissement, avant qu'il ne l'ait vu, au point que Thierry est d'abord allé le saluer. Cet homme en le voyant ouvrir la porte de sa chambre l'a regardé et s'est exclamé joyeusement, des mois après les avoir rencontrés : « Ah, Maxou ! »

Avec les personnes agitées, la force tranquille de Maxou qui entre dans la chambre permet souvent des apaisements rapides, comme cette dame qui, en le voyant arriver, a enlevé ses lunettes, laissé tomber sa colère, joint ses mains et… s'est endormie.

Depuis 2016, trois professionnelles de santé de l'Ehpad où intervient Thierry, les Jardins de la Charme[18], se sont formées à la médiation pour mieux accompagner leurs patients et leurs intervenants. Laurence, la directrice, n'hésite pas à dire qu'Hector, son chien, et Maxou sont devenus de véritables soutiens pour tous, des partenaires de soin. « C'est un temps fort pour le patient mais pour l'équipe aussi », car Hector et Maxou permettent de remettre de l'humain, du lien entre tous.

La médiation animale est une activité sans enjeu, qui permet de solliciter la mémoire émotionnelle. Les patients utilisent souvent pour s'adresser à Hector ou à Maxou des mots d'amour, « Ah, mon chéri, que tu es beau ! », que tous, Maxou le premier, ont plaisir à entendre. Certains patients s'entraident, dialoguent autour de l'animal. Muriel, l'ergothérapeute, souligne que la présence de Maxou enlève les barrières, favorise la spontanéité, motive les patients et favorise leurs relations avec l'équipe soignante. Thierry a remarqué qu'au cours de la séance les personnes âgées deviennent moins attentives, après un certain temps, surtout si Maxou décide de descendre de la table pour se dégourdir les pattes. C'est le moment que choisit Thierry pour revenir aux émotions des chats avec un livre de portraits du photographe Hans Silvester, qui suscite toujours beaucoup de réactions autour de ce que chaque portrait félin évoque.

Avec l'animal, chaque patient se retrouve face à un être vulnérable comme lui, qui le regarde sans jugement et avec lequel il s'unit dans une fraternité naturelle. « Les patients oublient souvent tout, mais pas le nom de Maxou ! »

Dans cet Ehpad de Clermont-Ferrand, les séances de médiation animale sont toujours évaluées pour objectiver les effets observés. « La séance n'est achevée qu'avec le bilan[19] », précise l'ergothérapeute. C'est important pour les patients – qui sont des êtres vulnérables, des éponges émotionnelles – d'avoir une démarche cadrée, éthique. Pour les familles, ces comptes-rendus de séances sont importants, même si tous voient bien l'effet de la médiation animale sur leur proche. Comme dans beaucoup d'établissements, l'intervention en médiation animale fait aussi l'objet d'une concertation avec l'équipe soignante, de la rédaction d'un cahier des charges décrivant le déroulement des séances (lieu, durée, périodicité), leur évaluation, avec bien évidemment une évaluation comportementale et un suivi du chat, partenaire de santé.

Patients et soignants le disent, Maxou leur fait du bien, et réciproquement pour Maxou et Thierry, heureux, séance après séance.

Médiateurs en institut thérapeutique éducatif et pédagogique

Les instituts thérapeutiques, éducatifs et pédagogiques (ITEP) accueillent des enfants, adolescents ou de jeunes adultes qui présentent des troubles psychologiques dont l'intensité d'expression perturbe leurs capacités d'apprentissage et leur socialisation.

Anne Grisel, médiatrice animale dans la région de Cherbourg, nous raconte l'histoire de Mino[20], un de ses chats médiateurs, dont le handicap s'est avéré une richesse pour ceux qui le rencontrent, au sein des ITEP.

« Depuis 2012, je fais de la médiation animale, avec mes chiens et mon chat, Mino, qui du haut de ses 6 ans, a le don de mettre à l'aise tout enfant, adolescent ou adulte handicapé. Son propre handicap, Mino l'assume tranquillement, en marchant bizarrement, et en affichant surtout un calme et une sérénité qui font sa force tranquille. Rescapé d'une infection par le virus du typhus, et donc résilient en puissance, Mino, avec ses pattes postérieures qui ont gardé une démarche très raide et son incapacité à sauter, a sa façon bien à lui de "mettre le sujet sur la table". De façon étonnante, les jeunes enfants handicapés ne voient en lui que le chat, alors que les adolescents et les adultes ne voient au début que son handicap, en miroir avec le leur.

« Mino travaille avec moi en séance individuelle ou en petit groupe dans les ITEP. Les enfants se mettent à son niveau, nous travaillons donc au sol. Son handicap et surtout sa douceur naturelle impressionnent petits et grands enfants, qui prennent un soin infini avec lui, devant la fragilité qu'ils perçoivent.

« Certains adolescents ont parfois exprimé des peurs viscérales, liées aux croyances culturelles familiales, aux préjugés sur les chats et les chiens. C'est à un de ces rebelles que j'ai proposé d'organiser lui-même le programme de rééducation motrice de Mino, où il a trouvé sa voie. Cette réalisation lui a permis de prendre confiance, d'accepter lui-même d'être aidé.

« Avec les autistes que nous visitons, la douceur de Mino est également un atout indéniable. La relation à l'animal sollicite autre chose chez le jeune, sans provoquer la défiance envers l'humain. L'animal facilite la communication, l'autorise. Et la verbalisation autour du handicap de Mino est pédagogique à tous les niveaux, car elle aide les enfants à une meilleure connaissance d'eux-mêmes, par un simple et fraternel effet-miroir[21]. »

En prison pour mineurs

L'interaction avec un animal aussi libre que l'est le chat, en milieu carcéral, apporte pour sa part une douceur et un souffle de liberté, comme le raconte Françoise Schwobthaler, docteur vétérinaire, intervenante en médiation animale dans les établissements pour mineurs (EPM), où elle se rend avec Bibi.

« J'ai été sollicitée voilà quatre ans par un confrère vétérinaire qui intervenait avec de nouveaux animaux de compagnie (NAC) dans un EPM et cherchait un autre intervenant. J'ai accepté d'y aller avec mon chien et avec Bibi, ma chatte tricolore âgée de 7 ans. Bibi est une chatte qui a été orpheline à trois semaines (sa mère a été tuée lors d'un accident sur la voie publique), a été élevée par l'autre chatte de la famille dans laquelle elle vivait avec des enfants. Elle est très sociable, adore monter sur les genoux et a, comme beaucoup de chats, le don de savoir quelle est l'humeur de l'humain qui est en face d'elle. Elle apprécie beaucoup – et voit bien quand c'est le moment – d'aller faire des bisous sur le nez ! Au sein de l'EPM dans lequel nous intervenons, les séances de médiation animale ont une durée d'une heure, toutes les semaines, avec trois séances à suivre, sur la base du volontariat. Il y a trois à quatre jeunes et nous sommes toujours trois intervenants (une infirmière psychologue et une pédopsychiatre m'accompagnent). La présence de Bibi permet souvent le dialogue avec ces jeunes qui ont commis et subi des choses lourdes. La médiation animale, c'est une histoire de résonance, qui permet de travailler sur la violence, la vulnérabilité (certains des jeunes ont eu à vaincre leur peur du chat), et sur l'attachement, l'attention et le prendre soin de l'autre, plus vulnérable, toutes compétences essentielles pour leur réinsertion.

« Bibi est vraiment fatiguée à la fin de la séance, mais elle est très heureuse d'y aller et très consciente de l'état des jeunes – un jour, elle est allée solidairement s'asseoir sur le rebord de la fenêtre, avec vue sur l'extérieur, où l'un d'eux était accoudé, pensivement. Leurs deux regards contemplaient la promesse de la liberté et l'acceptation de ce temps d'assignation à résidence[22]... »

Les chats patients

Si les chats aident à prendre les humains en charge, nous nous devons en tant qu'humains de leur rendre la pareille pour les accueillir et les entourer comme il se doit lorsqu'ils ont besoin de soins chez le vétérinaire.

L'expression « patient félin » est parfois un oxymore, tant certains chats rechignent à aller chez le vétérinaire, le transport comme l'attente se révélant pour eux comme pour leur maître un véritable cauchemar. En outre, les neuf vies – donc les huit résurrections –, dont le chat aurait été doté, laissent souvent croire malencontreusement que le chat peut guérir seul.

De nombreuses enquêtes l'ont mis en évidence, soulignant tous les points qui posent un problème quand la visite chez le vétérinaire n'est pas motivée par une question de vie ou de mort. Lorsqu'il y a une urgence vitale, en revanche, ni le chat ni son maître ne sont réticents à se rendre chez leur vétérinaire le plus proche. Même si parfois certains chats trouvent encore l'énergie du désespoir pour faire de la résistance, surtout si par malheur ils croisent un chien dans la salle d'attente ou y sentent des odeurs qui les incommodent. Oui, le chat est exigeant sur les conditions d'accueil et la façon dont il est traité, et il a bien raison : l'hospitalité de l'environnement et de l'équipe de soins est plus qu'un simple paramètre, c'est indispensable pour se sentir bien, à la fois en sécurité et apaisé, deux conditions déterminantes pour guérir et avoir une convalescence idéale.

L'hospitalité de la clinique vétérinaire, de la salle d'attente et l'accueil de l'équipe jusqu'à la conception des lieux d'hospitalisation, a été depuis le début des années deux mille la mission de l'Association des praticiens félins américains (AAFP) et d'iCatCare, association d'origine britannique, qui œuvre depuis plus d'une vingtaine d'années dans ce domaine : rendre les cliniques vétérinaires Ch'amicales (Cat friendly). Les structures qui suivent cette démarche partagent la même éthique : ne pas effrayer le patient félin, le mettre dans de bonnes conditions émotionnelles, le manipuler avec une efficacité empreinte de respect (pour lui, ses maîtres, gardiens ou parents, pour nos mains qui sont précieuses et celles de nos équipes).

En effet, sous l'effet du stress, le chat est, par nature, capable de modifier l'ensemble de ses paramètres biologiques. Par exemple, la peur peut faire grimper sa pression artérielle de plus de 40 % (200 mm de Hg) et tripler la valeur de sa glycémie en très peu de temps. L'hyperthermie qu'il présente après avoir attendu dans la voiture, les embouteillages ou les transports en commun, puis dans la salle d'attente de son vétérinaire est un classique des perturbations causées par le stress. Ces perturbations s'accompagnent en général de comportements agressifs à l'égard de l'équipe soignante et de son propriétaire. Cette philosophie du *less is more* – patience et douceur font plus que force ni que rage – vient de faire l'objet d'une publication dans la revue scientifique *Applied Animal Behavior Science*[23].

Il reste encore cependant des gestes qui semblent à certains des détails et qui n'en sont pas, comme la prise par la peau du cou – ce que les Anglais appellent le *scruffing* –, qui sont d'une grande violence, surtout quand ils sont pratiqués régulièrement dans une clinique vétérinaire ou dans le foyer qui accueille le chat. De nombreuses universités vétérinaires anglo-saxonnes ont une politique affichée de *no scruffing*[24], et iCatCare, à l'occasion de ses soixante ans, a lancé une campagne pour inciter équipes vétérinaires, agents animaliers de refuges et propriétaires de chats à réfléchir à leurs comportements et à être plus compatissants.

Less is more

Moins on impose quelque chose au chat et le contraint, mieux on le dispose à accepter des manipulations comme la réalisation d'une injection, d'une prise de sang ou la simple mesure de la pression artérielle[25].

Le chat est particulièrement sensible à l'effet « blouse blanche », c'est-à-dire à tout ce qui peut lui indiquer qu'il est dans une clinique vétérinaire (odeurs de médicaments et d'autres animaux, bruits). La couleur de la blouse et sa composition (matériau synthétique) le dérangent parfois.

La façon de le maintenir est essentielle, calmement et sans force, sans l'attraper par la peau du cou (technique que les chattes n'utilisent qu'en cas d'urgence pour déplacer leurs chatons d'un endroit dangereux vers un lieu où ils seront en sécurité). La plupart des vétérinaires ch'amicaux parlent à leurs patients félins, leur laissent le temps de s'acclimater à leur salle de consultation, s'adaptent à leur caractère. Certains chats apprécient un tapis de consultation moelleux sur lequel ils sont confortablement installés, d'autres préfèrent être examinés dans la partie inférieure de leur cage et d'autres encore sont à l'aise sur les jambes du vétérinaire assis par terre, notamment lorsqu'il s'agit d'un examen neurologique.

En fin de consultation, avant de regagner leur cage de transport, certains chats sont heureux de se détendre sur un arbre à chat, pour écouter la conversation entre leur maître et le vétérinaire qui leur propose souvent une petite friandise avant de repartir.

C'est pour procéder à des examens médicaux dans les meilleures conditions possibles que l'Association américaine des praticiens félins puis iCatCare ont proposé des aménagements de l'architecture des structures vétérinaires et des comportements des équipes soignantes, pour faire en sorte que les chats soient détendus pendant tout leur parcours de soins. Aujourd'hui plus de mille cliniques *cat friendly* sont répertoriées dans le monde, dont plus de trente déjà en France.

La bienveillance et l'attention témoignées aux plus exigeants des patients que sont les chats profitent aussi aux équipes soignantes et aux autres espèces soignées.

Apprendre le respect collectif des chats

En 2018, iCatCare a publié la Déclaration internationale des responsabilités envers les chats, traduite en neuf langues, à laquelle chacun d'entre nous peut se référer et adhérer en ligne[26]. Que ce soit au niveau des États, des législateurs, des collectivités, des organisations non gouvernementales et leurs refuges, des éleveurs, des animaleries, des équipes soignantes, chacun d'entre nous a une responsabilité à assumer, pour faire en sorte que les chats soient respectés tout autant qu'ils respectent eux-mêmes leur environnement. Parmi nos responsabilités liées à leur domestication, nous avons celle de maîtriser leur reproduction, pour que la population des chats errants ne devienne pas anarchique, comme c'est le cas en Australie actuellement. La stérilisation des chats est un véritable acte de protection, que rappelle entre autres cette déclaration.

Conclusion

Bien loin d'être aussi égoïste que certains le disent, le chat nous interroge en permanence, capte notre attention pour mieux fixer notre esprit dans la réalité du présent et nous donne par sa beauté, son silence, ses facéties, mille occasions de faire des arrêts sur images et de méditer. Son comportement aiguise notre curiosité au quotidien. Imprévisible, inattendu, il contribue aussi durablement à notre jeunesse d'esprit.

Il ne laisse personne indifférent. Son rejet est souvent le fruit d'une peur, la peur d'un autre si différent, au caractère bien trempé, qui ne s'en laisse pas conter même si, derrière les réactions vives des chats, se nichent fréquemment aussi des peurs ou des colères souvent légitimes. Donc une forme de violence en réaction épidermique et immédiate à la façon dont nous les traitons parfois mal, sans le respect qui leur est dû. De ce point de vue, les chiens sont d'une tolérance inouïe et se laissent faire – on dit d'ailleurs être traité comme un chien, expression dont je serais bien heureuse qu'elle disparaisse, car si nous traitions mieux les chiens et les autres animaux, nous traiterions aussi mieux nos semblables.

Au cours de nos études de vétérinaire, nous apprenons à mieux connaître le comportement de tous les animaux, leur façon d'être, de fonctionner, ce qui les effraie, les attire. Certains d'entre nous ont déjà été initiés à ce monde dès leur enfance, positivement ou pas, avec des facilités ou des réticences à l'endroit de l'animal en général et de certains animaux en particulier. L'éthologie – la science du comportement des animaux –, que j'ai eu le plaisir de découvrir sur les bancs de l'École nationale vétérinaire à Toulouse, est une école de l'observation, de la compréhension, qui permet d'agir, sans faire ni avoir peur. Avec le chat, aucun des concepts de dominance qui ont longtemps eu cours pour l'humain comme pour le chien n'est envisageable, ce qui est pédagogique. Les chats ont toujours le dernier mot, surtout si on a le mauvais geste !

École vivante de la qualité d'observation, de l'agilité physique et de la souplesse mentale, les chats n'en finissent pas de nous éduquer et rééduquer. À les fréquenter, on apprend chaque jour, sur eux bien sûr, mais aussi sur nous et nos semblables. Apprendre à nous poser, à faire des siestes réparatrices, à cultiver l'immobilité, à méditer et, comme eux, à ronronner au lieu de ronchonner. D'un simple regard, en surgissant dans nos vies sans prévenir, ils demandent parfois avec insistance le droit d'asile, histoire de développer nos capacités à accueillir l'inconnu, à accepter l'imprévu et à prodiguer l'hospitalité. Ils nous façonnent au quotidien, éclairent nos vies, font résonner nos âmes, tant et si bien qu'il est légitime de se demander si leur mission ici-bas – au-delà d'être des anges gardiens particulièrement espiègles – n'est pas de nous apprendre à vivre, tout simplement.

Au-delà des découvertes et des études scientifiques primordiales auxquelles ils ont contribué dans le domaine de la santé humaine ou les études qui leur sont désormais consacrées très régulièrement pour les bénéfices qu'ils nous apportent, les chats eux-mêmes sont le plus grand livre d'enseignements, de résilience et d'émerveillements qui soit. Merci les chats !

Annexe

Pour tout se rappeler : le Chrono'Cat !

1845, premier livre d'anatomie du chat, par Hercule Straus-Durckheim
1881, Atlas complet d'anatomie du chat par St. George Mivart
1881, *Anatomy technology applied to cat* [Technique anatomique appliquée au chat], Burt Wilder
1882, premier établissement de l'atlas cérébral du chat, Burt Wilder
1887, premier électrocardiogramme sur chaton (et sur grenouille, lapin) puis sur l'humain, effectué par Augustus Waller (repris par Einthoven, prix Nobel 1924)
1888, localisation du gyrus sigmoïde par Constantin von Monakow
1902, identification de la sous-plaque fœtale à l'origine du développement du cortex cérébral par Shinkishi Hataï
1906, compréhension du rôle de l'ocytocine par sir Henry Dale
1911, identification des neurones interstitiels (des cellules présentes dans tout le système digestif, dont elles règlent la motricité), Ramon y Cajal

1911, atlas stéréotaxique de l'encéphale du chat par Victor Horsley et Henry Clarke
1910-1911, isolement de l'histamine par sir Henry Dale
1925, découvertes sur les réflexes et le contrôle cérébral de la vessie par Frederick Barrington
1929, identification de l'acétylcholine dans les neurones de chat, de la notion de transmission chimique de l'influx et définition des systèmes adrénergique/cholinergique par sir Henry Dale
1928, synchronisation de l'électroencéphalogramme par Walter Hess
1930, découverte de la conduction électrique des sons dans un nerf auditif de chat par Ernest Wewer et Charles Bray
1936, technique du cerveau isolé par Frédéric Bremer
1937, découverte de l'activité électrique du cerveau pendant le sommeil d'un chat par Herbert Jasper et Margaret Rheinberger
1943, démonstration de l'intérêt de la psychothérapie sur des névroses expérimentales par Jules Masserman
1949, compréhension du rôle de la formation réticulée par Horace Magoun
1950, intérêt des thérapies cognitives en psychothérapie par Joseph Wolpe
1951, premier enregistrement intracellulaire d'un motoneurone de moelle de chat par John Eccles
1953, électrorétinogramme d'un chat par Stephen Kuffler
1953, découvertes sur le sommeil physiologique, la stimulation intracérébrale, et cartographie du cerveau du chat par Walter Hess
1955, atlas cérébral du chat, Herbert Jasper
1957, description des REM (*rapid eye movement* « mouvements oculaires rapides ») par Dement Kleitman
1959, description des stades du coma par Michel Jouvet
1961, démonstration de l'activité de la caféine sur l'éveil et les rêves par Michel Jouvet

1969, vésicules synaptiques par Bernard Katz
1980, découvertes sur la vision et la plasticité neuronale par David Hubel et Torsten Wiesel
2017, établissement du Catatlas, atlas en 3D, par imagerie en résonance magnétique du cerveau du chat par Daniel Stolzberg

Notes

1. Qui sont les chats ?

1. Feaver J. *et al.*, « A method for rating the individual distinctiveness of domestic cats », *Animal Behaviour*, 1986, 34, p. 1016-1025.

2. Raihani G. *et al.*, « A proposal for assessing individual differences in behaviour during early development in the domestic cat », *Applied Animal Behaviour Science*, 2014, 154, p. 48-56.

3. McCune S., « The impact of paternity and early socialization on the development of cats' behaviour to people and novel objects », *Applied Animal Behaviour Science*, 1995, 45, p. 109-124.

4. Feaver J. *et al.*, « A method for rating the individual distinctiveness of domestic cats », *Animal Behaviour*, 1986, 34, p. 1016-1025.

5. Ha D., Ha J., « A subjective domestic cat (*Felis silvestris catus*) tsemperament assessment results in six independent dimensions », *Behavioural Processes*, 2017, 141(Pt 3), p. 351-356.

6. Fédération pour la gestion du *Livre officiel des origines félines* (https://www.loof.asso.fr).

7. *Le Nouveau Petit Larousse illustré*, Larousse, 2020.

8. Gagnon A.-C., *Ce chat qui a changé ma vie*, Larousse, 2015.

9. Dawson L. C., Cheal J., Niel, L., Mason G., « Humans can identify cats' affective states from subtle facial expressions », *Animal Welfare*, 2019, 28(4), p. 519-531(13).

10. Panksepp J., « The basic emotional circuits of mammalian brains : do animals have affective lives ? », *Neuroscience & Biobehavioral Reviews*, 2011, 35(9), p. 1791-1804.

11. Selon Andy Sparkes, vétérinaire britannique spécialiste de médecine féline.

12. Scientifique spécialiste du comportement animal.

13. Bennett V., Gourkow N., Mills D. S., « Facial correlates of emotional behaviour in the domestic cat (*Felis catus*) », *Behavioural Processes*, 2017, 141(Pt 3), p. 342-350.

14. Le FACS est une méthode de description des mouvements du visage développée par les psychologues américains Paul Ekman et Wallace Friesen en 1978.

15. Rivers T.J. *et al.*, « Gaze shifts and fixations dominate gaze behavior of walking cats », *Neuroscience*, 2014, 275, p. 477-499.

16. Guyot C., « La perception visuelle du chat », mémoire sous la direction de B. Clerc, 2002 (http://claire.guyot.free.fr/).

17. Smit A. E., « Blinking and the brain », dissertation de PhD, thèse d'État, université Érasme de Rotterdam, 2008.

18. Koyasu H., Nagasawa N., « Recognition of directed-gaze from humans in cats », *Japanese Journal of Animal Psychology*, 2019, 69(1), p. 27-34.

19. Alper S. *et al.*, « The evil eye effect : vertical pupils are perceived as more threatening », *Cognition and Emotion*, 2019, 33(6), p. 1249-1260.

20. Banks M.-S. *et al.*, « Why do animal eyes have pupils of different shapes ? », *Science Advances*, 2015, 1(7), e1500391.

21. Siniscalchi M., Laddago S., Quaranta A., « Auditory lateralization of conspecific and heterospecific vocalizations in cats », *Laterality*, 2016, 21(3), p. 215-227.

22. À l'étranger, et notamment dans les pays anglo-saxons, l'expression « *the healing power of cat's purr* » est parfois utilisée pour qualifier les pouvoirs présumés du ronronnement du chat.

23. Barbara, descendante de Rosée, première interprète de Pomponette, l'héroïne féline de *La Femme du boulanger*. Bichet, qui jouait Johny dans *Histoire de chats* (mais fut doublé par Fanny dans les scènes de baston !). Carmen, toute noire, le « 4 × 4 » du chat, elle sait tout faire ! Fanny, une petite tigrée de 15 ans, toujours des rôles de jeunes filles. Jeanette, la câline, digne descendante de Rosée. Moustache, le tigré capable de résister à quatre mille écuelles de pâtée sauf… une ! Myrtille, la blanche, qui travaille avec une facilité déconcertante. Rosée, la première à avoir interprété Pomponette. Tostoï, un fabuleux maine coon, héros d'*Histoire de chats*.

24. Michel, Laurent et Frédérique Flaesch sont conseillers animaliers avec les chiens, les chats, les oiseaux, les rats et divers animaux pour le cinéma, la télévision, la publicité et la photographie (https://www.animauxcinema.fr).

25. Colin G., *Traité de physiologie des animaux domestiques*, Baillière, 1854-1856, 2 vol.

26. Hussel L., « Das Schnurren der Hauskatze », *Urania*, 1956, 19(1), p. 36-39.

27. McCuistion W., « Feline purring and its dynamics », *Veterinary Medicine, Small Animal Clinician*, 1966, 61(6), p. 562-566.

28. Denis B., « Physiologie et éthologie du ronronnement », *Ethnozootechnie*, 1987, n°40, p. 63-70.

29. Remmers J.E., Gauthier H., « Neural and mechanisms of feline purring », *Respiration Physiology*, 1972, 16(3), p. 351-361. *In* Denis B. « Physiologie et éthologie du ronronnement », *op. cit.*

30. Eriksson M., Keeling L.J., Rehn T., « Cats and owners interact more with each other after a longer duration of separation », *PLoS One*, 2017, 12(10).

31. Muggenthaler E. von, « The felid purr : a healing mechanism ? », *The Journal of the Acoustical Society of America*, 2001, 110(5), p. 2666.

32. Cook T.F., « The relief of dyspnoea in cats by purring », *New Zealand Veterinary Journal*, 1973, 21(3), p. 53-54.

33. « Le ronron du chat, un câlin qui guérit », *Le Parisien*, 13 janvier 2013 (en ligne).

34. Schötz S., Eklund R., « A comparative acoustic analysis of purring in four cats », in *Proceedings from Fonetik 2011* (Royal Institute of Technology, Stockholm, 8-10 juin 2010), *Quarterly Progress and Status Report TMH-QPSR*, 2011, 51, p. 9-12.

35. Renck J. L., « Une approche du comportement vocal chez le chat domestique », mémoire de licence de zoologie, université de Neuchâtel, 1989.

36. McComb K. *et al.*, « The cry embedded within the purr », *Current Biology*, 2009, 19(13), p. 507-508.

37. Type particulier d'onde, spirale ou longitudinale, sans vecteur défini, qui s'oriente dans l'espace lorsqu'une résonance s'établit entre la source et la cible.

38. Gagnon A.-C., *Comportement du chat. Biologie et clinique*, Point Vétérinaire, 2012.

39. Noel A. C, Hu D. L. « Cats use hollow papillae to wick saliva into fur », *Proceedings of the National Academy of Sciences*, 2018, 115(49), p. 12377-12382.

40. http://www.noel.gatech.edu/rough-cat-tongues/

41. https://www.youtube.com/watch?v=XqL9siGDeBA.

42. https://www.youtube.com/watch?v=HYsGEFpRZlA

43. Voir chapitre 5, p. 165.

44. Bánszegi O, Urrutia A, Szenczi P, Hudson R. « More or less : spontaneous quantity discrimination in the domestic cat », *Animal Cognition*, 2016, 19(5), p. 879-888.

45. Plantinga, E. A., Bosch, G., Hendriks, W. H. (2011). « Estimation of the dietary nutrient profile of free-roaming feral cats : possible

implications for nutrition of domestic cats », *British Journal of Nutrition*, 2011, 106(S1), P. S35-S48.

46. Voir chapitre 5, p. 165.

47. Takagi, S., Arahori, M., Chijiiwa, H., Tsuzuki, M., Hataji, Y., Fujita, K. (2016). « There's no ball without noise : cats' prediction of an object from noise », *Animal Cognition*, 5, p. 1043-1047.

48. Kraus C. *et al.*, « Distractible dogs, constant cats ? A test of the distraction hypothesis in two domestic species », *Animal Behaviour*, 2014, 93, p. 173-181.

49. Ito Y. *et al.*, « Cats beg for food from the human who looks at and calls to them : ability to understand humans' attentional states », *Psychologia*, 2016, 59(2-3), p. 112-120.

50. Saito A., Shinozuka K., « Vocal recognition of owners by domestic cats (*Felis catus*) », *Animal Cognition*, 2013, 16(4), p. 685-690.

51. Saito A. *et al.*, « Domestic cats (*Felis catus*) discriminate their names from other words », *Scientific Reports*, 2019, 9, art. 5394.

52. Szenczi, P. *et al.*, « Mother-offspring recognition in the domestic cat : kittens recognize their own mother's call », *Developmental Psychobiology*, 2016, 58(5), p. 568-577.

53. Bánszegi O. *et al.*, « Can but don't : olfactory discrimination between own and alien offspring in the domestic cat », *Animal Cognition*, 2017, 20(4), p. 795-804.

54. Dumas C., Doré F.-Y., « Cognitive development in kittens (*Felis catus*) : an observational study of object permanence and sensorimotor intelligence », *Journal of Comparative Psychology*, 1991, 105(4), p. 357-365.

55. Jean Piaget, biologiste et psychologue suisse, a défini quatre stades de développement de l'intelligence des enfants, auxquels se réfèrent de nombreux biologistes pour d'autres espèces.

56. Petit boîtier tenant dans la main et produisant un son utilisé pour l'éducation féline ou canine.

57. Laborda M. *et al.*, « Animal models of psychopathology : historical models and the Pavlovian contribution », *Terapia Psicológica*, 2012, 30(1), p. 45-59.

58. Kogan L. *et al.*, « Assessment of clicker training for shelter cats », *Animals (Basel)*, 2017, 7(10), p. 73.

59. Sheldrake R., *Le Pouvoir inexpliqué des animaux*, J'ai lu, 2003.

60. Gagnon A.-C., « Entre espièglerie et sagesse, vivre en bonne intelligence avec les chats », *in* de La Bigne Y. de, *Les Secrets de l'intelligence animale*, Larousse, 2018.

61. Merci à Catherine, du refuge de Thiernay, pour m'avoir fait part de cette belle histoire !

2. Un partenariat ancestral

1. Vigne J.-D., « D'où viennent vraiment les chats ? », *Ethnozootechnie*, 2018, 104, p. 7-13.
2. Zivie A., « La nécropole des chats de Saqqarah en Égypte », *Ethnozootechnie*, 1987, 40, p. 5-7.
3. Vigne J.-D., « D'où viennent vraiment les chats ? », art. cité.
4. Id.
5. Vitoux F., « Très brève histoire de la littérature française sous le regard des chats », *Ethnozootechnie*, 2018, 104, p. 55-60.
6. Magnifique formulation de l'académicien Frédéric Vitoux dans l'émission « Passage des arts », sur France 5, le 14 septembre 2019.
7. Gavan P., *The Cat Men of Gotham*, Rutgers University Press, 2019.
8. Surnom de New York.
9. Gay J. *Les Chats, extraits de pièces rares et curieuses*, 1866
10. Champfleury, *Les Chats*, Rothschild, 1869.
11. Bastide C., « Le chat de race, hier, aujourd'hui, demain... », *Ethnozootechnie*, 2019, 104, p. 15-20.
12. Bobis L., « Le chat au Moyen Âge », *Ethnozootechnie*, 1987, 40, p. 39-44.
13. Voir chapitre premier, p. 15.
14. *Ce chat qui a changé ma vie*, A.-C. Gagnon, Larousse, 2015.
15. Crawford H. M. *et al.*, « A case of letting the cat out of the bag-why trap-neuter-return is not an ethical solution for stray cat (*Felis catus*) management », *Animals (Basel)*, 2019, 9(4), p. 171.
16. Enquête menée par Kantar pour la FACCO (Fédération des fabricants d'aliments préparés pour chiens, chats, oiseaux et autres animaux familiers), octobre-novembre 2018.
17. Merci aux maîtres de Massi, Bénédicte et Nicolas pour leur témoignage.
18. Gagnon A.-C., *Comportement du chat : biologie et clinique*, *op. cit.*
19. Enquête menée par Ipsos pour SantéVet, 2019.
20. Albert Vidalie, auteur de la chanson « La Dame de Bordeaux », chantée par Serge Reggiani.
21. Volsche S., « Negotiated Bonds : The Practice of Childfree Pet Parenting », *Anthrozoös*, 2018, 31(3), p. 367-377.
22. https://icatcare.org/press-media/vets-share-cat-caf%C3%A9-concerns Keely, D., The dirty truth about cat cafes », *Mashed* (en ligne, 2018).

3. Un lien unique

1. *Ce chat qui a changé ma vie*, Larousse, 2015.

2. Kipling R. « Le chat qui s'en va tout seul », *Histoires comme ça pour les petits*, Paris, Delagrave, 1903.

3. Potter A., Mills D.-S., « Domestic cats (*Felis silvestris catus*) do not show signs of secure attachment to their owners », *PLoS One*, 2015, 10(9).

4. Le test comprend neuf séquences très standardisées et chronométrées, avec la mère et son enfant, dont les réactions sont observées grâce à un miroir sans tain, notamment lorsqu'un étranger arrive dans la pièce.

5. Vitale K.-R. *et al.*, « Attachment bonds between domestic cats and humans », *Current Biology*, 2019, 29(18), p. 864-865.

6. Vitale K.-R. *et al.* « Social interaction, food, scent or toys ? A formal assessment of domestic pet and shelter cat (*Felis silvestris catus*) preferences », *Behavioural Processes*, 2017, 14(3), p. 322-328

7. Ellis Sarah L. H. *et al.*, « The influence of body region, handler familiarity and order of region handled on the domestic cat's response to being stroked », *Applied Animal Behaviour Science*, 2015, 173, p. 60-67.

8. Eriksson M. *et al.*, « Cats and owners interact more with each other after a longer duration of separation », *PLoS One*, 2017, 12(10).

9. Cyrulnik B., *Mémoire de singe et paroles d'homme*, Hachette, 1983.

10. Rupert Sheldrake, *Le Pouvoir inexpliqué des animaux*, éditions du Rocher, 2001.

11. Winnicot, D. W. « Transitional objects and transitional phenomena », *International Journal of Psychoanalysis*, 1953, 34(2), p. 89-97.

12. Bobis, L., « Le chat au Moyen Âge », in *Le Chat, EthnoZootechnie*, 1987, 40, p. 39-44.

13. Smith B. *et al.*, « The prevalence and implications of human-animal co-sleeping in an Australian sample », *Anthrozoos*, 2014, 27(4), p. 543-551.

14. Kobayashi A. *et al.*, « The effects of touching and stroking a cat on the inferior frontal gyrus in people », *Anthrozoös*, 2017, 30(3), p. 473-486.

15. Voir définition p. 87.

16. Condoret A. *L'Animal compagnon de l'enfant*, Fleurus, 1973.

17. Valiergue H. « Valeur pédagogique et psychothérapique de l'animal familier », thèse pour le doctorat vétérinaire, École nationale vétérinaire d'Alfort, 1979.

18. Valiergue H. « Interactions d'attachement et de rejet entre l'animal familier et l'adolescent présentant des troubles psychologiques graves », thèse d'État, université de Paris, 1982.

19. Valloton, M., *L'Enfant et l'animal dans l'éducation*, Casterman, 1977.

20. Serpell J., « *In the Company of Animals* », Cambridge University Press, 1986.

21. Stammbach Karin B., Turner Dennis C., « Understanding the human. Cat Relationship : human social support or attachment », *Anthrozoös*, 1999, 12(3), p. 162-168.

22. Daly B., Morton L. L. « An investigation of human-animal interactions and empathy related to pet preference, ownership, attachment, and attitudes in children », *Anthrozoös*, 2006, 19(2), p. 113-127.

23. Hirschenhauser K. *et al.*, « Children love their pets. Do relationships between children and pets co-vary with taxonomic order, gender, and age ? », *Anthrozoös*, 2017, 30(3), p. 441-456.

24. Marsa-Sambola F., *et al.*, « Quality of life and adolescents. Communication with their significant others (mother, father, and best friend) : the mediating effect of attachment to pets », *Attachment and Human Development*, 2017, 19(3), p. 278-297.

Hawkins R.-D., Williams J.-M., Scottish Society for the prevention of cruelty to animals (Scottish SPCA), « Childhood attachment to pets : associations between pet attachment, attitudes to animals, compassion, and humane behaviour », *International Journal of Environmental Research and Public*, 2017, 14(5).

25. Vlasta Vizek-Vidović *et al.*, « Pet ownership in childhood and socio-emotional characteristics, work values and professional choices in early adulthood », *Anthrozoös*, 2001, 14(4), p. 224-231.

26. Muldoon, J.-C., Williams, J.-M., Lawrence A., « Exploring children's perspectives on the welfare needs of pet animals », *Anthrozoös*, 2016 ; 29(3), p. 357-375.

27. Zilcha-Mano S. *et al.*, « Pets as safe havens and secure bases. The moderating role of pet attachment orientations », *Journal of Research in Personality*, 2012, 46, p. 571-580.

28. Hoffmann R. *et al.*, « An empirical examination of the conceptualization of companion animals », *BMC Psychology*, 2018, 6(1), p. 15.

29. Mitchell R. W., Ellis A. L., « Cat person, dog person, gay, or heterosexual. The effect of labels on a man's perceived masculinity, femininity, and likability », 2013, *Society and Animals*, 21(1), p. 1-16.

30. Gosling S.-D., Sandy C.-J., Potter J., « Personalities of self-identified "dog people" and "cat people" », *Anthrozoös*, 2010, 23(3), p. 213-222.

31. Reevy G.-M., Delgado M.-M., « Are emotionally attached companion animal caregivers conscientious and neurotic ? Factors that affect the human-companion animal relationship », *Journal of Applied Animal Welfare Science*, 2015, 18(3), p. 239-58.

32. Alba B., Haslam N., « Dog people and cat people differ on dominance-related traits », *Anthrozoös*, 2015, 28(1), p. 37-44.

33. Martens P. *et al.*, « The emotional lives of companion animals. Attachment and subjective claims by owners of cats and dogs », *Anthrozoös*, 2016, 29(1), p. 73-88.

34. Questionnaires destinés exclusivement aux chats, de Bradshaw et Limon, 1997 : BrAtt sur l'attachement au chat et BrES sur le soutien émotionnel du chat.

35. Joie, tristesse, surprise, honte, déception, compassion, étonnement, dégoût, colère, peur.

36. Su B., Koda N., Martens P., « How Japanese companion dog and cat owners' degree of attachment relates to the attribution of emotions to their animals », *PLoS One*, 2018, 13(1).

37. Zilcha-Mano, S., Mikulincer, M., Shaver, P. R., « An attachment perspective on human-pet relationships. Conceptualization and assessment of pet attachment orientations », *Journal of Research in Personality*, 2011, 45(4), p. 345-357.

38. Jeffrey D. G., Anthony E. C., Mathews, M. A., « Attachment anxiety and avoidance influence pet choice and pet-directed behaviors », 2018, *Anthrozoös*, 31(4), p. 475-494.

39. Les passages entre guillemets restituent l'interview de Nicole Chardaire, libraire, ancienne éditrice, par l'auteur.

4. Des bénéfices pour la santé reconnus

1. Zilcha-Mano S. *et al.*, « Pets as safe havens and secure bases. The moderating role of pet attachment orientations », *Journal of Research in Personality*, 2012, 46, p. 571-580.

2. Beetz A. *et al.*, « Psychosocial and psychophysiological effects of human-animal interactions : the possible role of oxytocin », *Frontiers in Psychology*, 2012, 3, art. 234.

3. Levinson B., *Pet-oriented Psychotherapy*, Springfield, Charles Thomas, 1969.

4. Voir chapitre 5, p. 159.

5. Nagasawa M. *et al.*, « Dog's gaze at its owner increases owner's urinary oxytocin during social interaction », *Hormones and Behavior*, 2009, 55(3), p. 434-441.

6. Strahler J. *et al.*, « Simultaneous measurement of salivary cortisol and alpha-amylase. Application and recommendations », *Neuroscience and Biobehavioral Reviews*, 2017, 83, p. 657-677.

7. Cela a pu être démontré chez le chien dès 2009 [Miller *et al.* « An examination of changes in oxytocin levels in men and women before and after interaction with a bonded dog », *Anthrozoös*, 2009, 22(1), p. 31-42]. Pour le chat, on attend encore de résoudre les problèmes méthodologiques

que son comportement et sa physiologie particulière posent aux scientifiques, qui lui doivent pourtant la découverte même de l'ocytocine.

8. Miller S. C. *et al.*, « An examination of changes in oxytocin levels », art. cité.

McConnell A. R. *et al.*, « Friends with benefits. On the positive consequences of pet ownership », *Journal of Personality and Social Psychology*, 2011, 101(6), p. 1239-1252.

9. Balconi M., Vanutelli M.-E., « Emotions and BIS/BAS components affect brain activity (ERPs and fNIRS) in observing intra-species and inter-species interactions », *Brain Imaging and Behavior*, 2016 ; 10(3) p. 750-760.

10. Headey B., « Health benefits and health cost savings due to pets. Preliminary estimates from an Australian national survey », *Social Indicators Research*, 1999, 47(2), p. 233-243.

11. Headey B., « Pet ownership. Good for health ? », *Medical Journal of Australia*, 2003, 179(9), p. 460-461.

Headey B. *et al.*, « Pet ownership is good for your health and saves public expenditure too. Australian and German longitudinal evidence », *Australian Social Monitor*, 2002, 5(4), p. 93-99.

12. Headey B., Grabka M. M., « Pets and human health in Germany and Australia. National longitudinal results », *Social Indicators Research*, 80(2), p. 297-311.

13. « Healthcare Economics of Pets », *Blue Green Economics*, 2017. http://www.petpositives.com.au/blog/should-pet-owners-be-given-a-tax-credit-for-saving-the-health-system/.

14. Gagnon A.-C. « Les animaux de compagnie, sources de bonheur et d'économie de santé pour les seniors », *La Semaine vétérinaire*, 2017, 1719(26).

15. International Association of Human-Animal Interaction Organizations (http://iahaio.org).

16. Gagnon, A.-C., « Les animaux de compagnie, sources de bonheur et d'économie de santé pour les seniors », 2017, *La Semaine vétérinaire*, 1719, 26.

17. Headey B., Grabka M. M., « German socio-economic panel survey », *Social Indicators Research*, 2007, 80, p. 297.

18. Friedmann E. *et al.*, « Animal companions and one-year survival of patients after discharge from a coronary care unit », *Public Health Reports*, 1980, 95(4), p. 307-312.

19. Allen K. *et al.*, « Cardiovascular reactivity and the presence of pets, friends, and spouses : the truth about cats and dogs », *Psychosomatic Medicine*, 2002, 64(5), p. 727-739.

20. Allen K. *et al.*, « Pet ownership, but not ACE inhibitor therapy, blunts home blood pressure responses to mental stress », *Hypertension*, 2001, 38(4), p. 815-820.

21. Aiba N. *et al.*, « Usefulness of pet ownership as a modulator of cardiac autonomic imbalance in patients with diabetes mellitus, hypertension, and/or hyperlipidemia », *American Journal of Cardiology*, 2012, 109(8), p. 1164-1170.

22. Friedmann E. *et al.*, « Pet's presence and owner's blood pressures during the daily lives of pet owners with pre-to mild hypertension », *Anthrozoös*, 2013, 26(4), p. 535-550.

23. Levine G. N. *et al.*, « Pet ownership and cardiovascular risk : a scientific statement from the American Heart Association », *Circulation*, 2013, 127(23), p. 2353-2363.

24. Qureshi A. I. *et al.*, « Cat ownership and the risk of fatal cardiovascular diseases. Results from the second National Health and Nutrition Examination Study Mortality Follow-up Study », *Journal of Vascular and Interventional Neurology*, 2009, 2(1), p. 132-135.

25. Benson, H., Dryer T., Hartley L.H., « Decreased VO_2 consumption during exercise with elicitation of the relaxation response », *Journal of Human Stress*, 1978, 4(2), p. 38-42.

26. Wayne R. L. *et al.*, « Pet exposure in utero and postnatal decreases the effects of air pollutants on hypertension in children. A large population-based cohort study », *Environmental Pollution*, 2018, 238, p. 177-185.

27. Hesselmar B. *et al.*, « Does early exposure to cat or dog protect against later allergy development ? », *Clinical and Experimental Allergy*, 1999, 29, p. 611-617.

28. Petite protéine de l'immunité.

29. Lødrup Carlsen K. C. *et al.*, « Does pet ownership in infancy lead to asthma or allergy at school age ? Pooled analysis of individual participant data from 11 European birth cohorts », *PLoS One*, 2012, 7(8).

30. Hesselmar B. *et al.*, « Pet-keeping in early life reduces the risk of allergy in a dose-dependent fashion », *PLos One*, 2018, 13(12).

31. Bonnet B. *et al.* « An update on molecular cat allergens. Fel d 1 and what else ? Chapter : Fel d 1, the major cat allergen », *Allergy Asthma and Clinical Immunology*, 2018, 14(14).

32. Gagnon A.-C., Marignac, G., « Que conseiller au propriétaire allergique aux chats ? » *Felidia*, 2019, p. 489-493.

33. Sartore S. *et al.*, « Polymorphism analysis of Ch1 and Ch2 genes in the siberian cat », *Veterinary Sciences*, 2017, 4(4), p. 63.

34. Satyaraj E *et al.*, « Reduction of active Fel d 1 from cats using an antiFel d 1 egg IgY antibody », *Immunity, Inflammation and Disease*, 2019, 7(2), p. 68-73.

35. Smith V. A. *et al.*, « Hair nicotine concentration measurement in cats and its relationship to owner-reported environmental tobacco smoke exposure », *Journal of Small Animal Practice*, 2017, 58(1), p. 3-9.

36. Bertone E. R., Snyder L.A., Moore A.S., « Environmental tobacco smoke and risk of malignant lymphoma in pet cats », *American Journal of Epidemiology*, 2002, 156(3), p. 268-273.

37. Milberger S. M., Davis R. M., Holm A. L., « Pet owners' attitudes and behaviours related to smoking and second-hand smoke. A pilot study », *Tobacco Control*, 2009, 18(2), p. 156-158.

38. McAlpine D., Araki S., « Minamata disease. An unusual neurological disorder caused by contaminated fish », *The Lancet*, 1958, 2(7047), p. 629-631.

39. Kitamura S., Ueda K., Niino J., Ujioka T., Misumi H., Kakita T., « Analyses of chemical toxicant regarding Minamata Disease. Fifth report » (en japonais), *Kumamoto Iggakai Zasshi*, 1960, 34(3), p. 593-601.

40. Takeuchi T., Kambara T., Morikawa N., Matsumoto H., Shiraishi Y., Ito H., Sasaki M., Hirata Y., « Observations about the causes of Minamata disease from the pathological viewpoint » (en japonais), *Kunamoto Iggakai Zasshi*, 1960, 34(3), p. 521-530.

41. Gigon F., *Le 400e chat ou les Pollués de Minamata*, Robert Laffont, 1975.

42. Harada M., « Neuropsychiatric disturbances due to organic mercury during the prenatal period », *Seishin Shinkeigaku Zasshi*, 1964, 66, p. 429-468.

43. Composés fluorés hydrophobes et lipophobes.

44. Lin C. H. *et al.*, « Association between indoor air pollution and respiratory disease in companion dogs and cats », *Journal of Veterinary Internal Medicine*, 2018, 32(3), p. 1259-1267.

45. Ownby D. R., Johnson C. C., Peterson E. L., « Exposure to dogs and cats in the first year of life and risk of allergic sensitization at 6 to 7 years of age », *Journal of the American Medical Association*, 2002, 288(8), p. 963-972 ; « Passive cigarette smoke exposure of infants. Importance of nonparental sources », *Archives of Pediatrics and Adolescent Medicine*, 2000, 154(12), p. 1237-1241.

46. Adhikari A. *et al.*, « Pet ownership and the risk of dying from lung cancer, findings from an 18-year follow-up of a US national cohort », *Environmental Research*, 2019, 173, p. 379-386.

47. Adhikari A. *et al.*, « Association between pet ownership and the risk of dying from colorectal cancer. An 18-year follow-up of a national cohort », *Journal of Public Health*, 2019.

48. Garcia D. O. *et al.*, « Pet ownership and cancer risk in the Women's Health Initiative », *Cancer Epidemiology, Biomarkers and Prevention*, 2016, 25(9), p. 1311-1316.

49. Branson S. *et al.*, « Examining differences between homebound older adult pet owners and non-pet owners in depression, systemic inflammation, and executive function », *Anthrozoös*, 2016, 29(2), p. 323-334.

50. Taniguchi Y. *et al.*, « Physical, social, and psychological characteristics of community-dwelling elderly Japanese dogs and cat owners », *PLoS One*, 2018, 13(11).

51. Pruchno R., Heid A. R., Wilson-Genderson M., « Successful aging, social support, and ownership of a companion animal », *Anthrozoös*, 2018, 31(1), p. 23-39.

52. Branson S. *et al.*, « Biopsychosocial factors and cognitive function in cat ownership and attachment in community-dwelling older adults », *Anthrozoös*, 2019, 32(2), p. 267-282.

53. Gee N. R., Mueller M. K., « A systematic review of research on pet ownership and animal interactions among older adults », *Anthrozoös*, 2019, 32(2), p. 183-207.

54. Friedmann E., Gee N. R., « Critical review of research methods used to consider the impact of human-animal interaction on older adults' health », *The Gerontologist*, 2018, p. 1-9.

55. Connell C. M. *et al.*, « Are pets a source of support or added burden for married couples facing dementia ? », *Journal of Applied Gerontology*, 2007, 26(5), p. 472-485.

56. Gustafsson C. *et al.*, « Using a robotic cat in dementia care », *Journal of Gerontology*, 2015, 41(10), p. 46-56.

57. Greer K. L. *et al.*, « A comparison of the effects of toys versus live animals on the communication of patients with dementia of the Alzheimer's type », *Clinical Gerontologist*, 2002, 24(3-4), p. 157-182.

58. Thodberg *et al.*, « Behavioral responses of nursing home residents to visits from a person with a dog, a robot seal or a toy cat », *Anthrozoös*, 2016, 29(1), p. 107-121.

59. Uchino B. N., Way B. M., « Integrative pathways linking close family ties to health. A neurochemical perspective », *American Psychologist*, 2017, 72(6), p. 590-600.

60. Arahori M. *et al.*, « Microsatellite polymorphisms adjacent to the oxytocin receptor gene in domestic cats : association with personality ? », *Frontiers in Psychology*, 2017, 8, art. 2165.

61. McConnell A. R. *et al.*, « Friends with benefits. On the positive consequences of pet ownership », *Journal of Personality and Social Psychology*, 2011, 101(6), p. 1239-1252.

62. Wood L. *et al.*, « The pet factor. Companion animals as a conduit for getting to know people, friendship formation and social support », *PLoS One*, 2015, 10(4).

63. Hagan C. *et al.*, « Personality profiles of users sharing animal-related content on social media », *Anthrozoös*, 2017, 30(4), p. 671-680.

64. Gray P. B. *et al.*, « The role of pet dogs and cats in human courtship and dating », *Anthrozoös*, 2015, 28(4), p. 673-683.

65. Mazaurette, M. *Le Sexe selon Maïa*, 2020, La Martinière.

66. Fraser H. *et al.*, « Service provider recognition of the significance of animal companionship among trans and cisgender women of diverse sexualities », *Culture, Health and Sexuality*, 2020, 22(1), p. 16-30.

67. *Ibid.*

68. Muraco A. *et al.*, « Lifesaving in every way. The role of companion animals in the lives of older lesbian, gay, bisexual, and transgender adults age 50 and over », *Research on Aging*, 2018, 40(9), p. 859-882.

69. Hoopmann K., *All Cats Have Asperger Syndrome*, Londres, Jessica Kingsley Publishers, 2006.

70. Philippe-Peyroutet C., Grandgeorge M., « Animal-assisted interventions for children with autism spectrum disorders. A survey of French facilities », *People and Animals*, 2018, 1(1), art. 8.

71. Hart L. *et al.* « Affectionate interactions of cats with children having autism spectrum disorder », *Frontiers in Veterinary Science*, 2018, 5, art. 39.

72. Whyte E.-M. *et al.*, « Animal, but not human, faces engage the distributed face network in adolescents with autism », *Developmental Science*, 2016, 19(2), p. 306-317.

73. Rieger G., Turner D., « How depressive moods affect the behavior of singly living persons toward their cats », *Anthrozoös*, 1999, 12(4), p. 224-233.

74. *Ibid.*

75. *Ibid.*

76. *Ibid.*

77. Professeur à l'université de Zurich et directeur du Institut für angewandte Ethologie und Tierpsychologie (Institut d'éthologie appliquée et de psychologie animale), Horgen (Suisse).

5. Médecins malgré eux : tout ce que nous leur devons

1. Duperey A., *Les Chats de hasard*, Seuil, 1999.

2. Straus-Durckheim, H., *Anatomie descriptive et comparative du chat, type des mammifères en général et des carnivores en particulier*, Paris, 1845.

3. Wilder, B., *The Brain of the Cat*, 1881 (rééd. Hansebooks, 2018).

4. Sarikcioglu L., « Constantin von Monakow (1853-1930) and his legacy to science », *Child's Nervous System*, 2018, 34(1), p. 1-3.

5. Bremer F., « Cerveau isolé et physiologie du sommeil », *Comptes rendus de la Société de biologie et de ses filiales*, 1935, 118, p. 1235-1241.

6. « Quel est votre profil émotionnel ? », *Cerveau et Psycho*, 2019, 111 (dossier).

7. Villablanca J. R., Hovda D. A., « Developmental neuroplasticity in a model of cerebral hemispherectomy and stroke », *Neuroscience*, 2000, 95(3), p. 625-637.

8. Jean Cheymol, « Centenaire de la naissance de sir Henry Hallett Dale (1875-1968) », Communication présentée à la séance du 29 novembre 1975 de la Société française d'histoire de la médecine, p. 85-95, Histoire des sciences médicales.

9. Chassar Moir J., « The Obstetrician Bids, and the Uterus Contracts », *British Medical Journal*, 1964, 2(5416), p. 1025-1029.

10. Michel Jouvet, *Un homme de rêves…*, INA, 1992.

11. Arnulf I. *et al.*, « Michel Jouvet. An explorer of dreams and a great storyteller », *Sleep Medicine*, 2018, 49, p. 4-9.

12. Merci à la famille de Michel Jouvet et à ses collaborateurs, notamment Isabelle Arnulf et Colette Buda, pour leurs précieux souvenirs.

13. Hernandez-Peon *et al.*, « Modification of electrical activity in the cochlear nucleus during attention in unanesthetized cats », *Science*, 1956, 123, p. 331-2.

14. Entretien avec Suzy Mouchet, 31 octobre 2007.

15. Jouvet M., « Recherches sur les structures nerveuses et les mécanismes responsables des différentes phases du sommeil physiologique », *Archives italiennes de biologie*, 1962, 100, p. 125-206.

16. Jouvet M., « Diagnostic électro-sous-corticographique de la mort du système nerveux central au cours de certains comas », *Electroencephalography and Clinical Neurophysiology*, 1959, 11, p. 805-806

17. Stokholm M. G. *et al.*, « Assessment of neuroinflammation in patients with idiopathic rapid-eye-movement sleep behaviour disorder. A case-control study », *The Lancet Neurology*, 2017, 16(10), p. 789-796.

18. La Bigne Y. de, *Les Secrets de l'intelligence animale*, Larousse, 2018.

19. Larouzée J., Guarnieri F., Denis B., « Le modèle de l'erreur humaine de James Reason », Research Report] CRC_WP_2014_24, Mines ParisTech. 2014, 44 p. hal-01102402.

20. Médecin et scientifique britannique connu pour ses importantes contributions en physiologie et neurosciences et pour avoir inventé le terme « *synapse* ». En 1932, il partage avec Edgar Douglas Adrian, lord

Adrian, le prix Nobel de physiologie ou médecine « pour leurs découvertes sur les fonctions des neurones ».

21. Dusser de Barenne, « Recherches expérimentales sur les fonctions du système nerveux central, faites en particulier sur deux chats, dont le neopallium a été enlevé », *Archives néerlandaises de physiologie*, 1919, 4, p. 31-123.

22. Siegel, A. *et al.* « The neurobiological bases for development of pharmacological treatments of aggressive disorders » *Current Neuropharmacology*, 2007, 5(2), p. 135-147.

23. Guerra D., « The Neurobiology of RAGE and Anger and Psychiatric Implications with a Focus on Depression », *in* Pahlavan F. (dir.), *Multiple Facets of Anger. Getting Mad or Restoring Justice ?*, New York, Nova Science Publishers, 2011, p. 45-79.

24. Villablanca J. R., Olmstead C. E., de Andrés I., « Effects of caudate nuclei or frontal cortical ablations in kittens. Responsiveness to auditory stimuli and comparisons with adult-operated littermates », *Experimental Neurology*, 1978, 61(3), p. 635-649.

25. Gunn-Moore D. A. *et al.*, « Ageing changes in cat brains demonstrated by beta-amyloid and AT8-immunoreactive phosphorylated tau deposits », *Journal of Feline Medicine and Surgery*, 2006, 8(4), p. 234-242.

26. Siegel A., « Neural bases of aggression in Alzheimer patients », *JSM Alzheimer's Disease and Related Dementia*, 2016, 3(1), art. 1022.

27. Gagnon A.-C., « Conduite à tenir pour l'approche comportementale de la cystite idiopathique féline », *Le Point vétérinaire*, 2016, 47, p. 154-160.

28. Tony Buffington C. A., Westropp J. L., Chew D. J., « From FUS to Pandora syndrome. Where are we, how did we get here, and where to now ? », *Journal of Feline Medicine and Surgery*, 2014, 16(5), p. 385-394.

29. Parsons B., Drake M. J., « Animal models in overactive bladder research », *Handb Exp Pharmacol.*, 2011, 202, p. 15-43.

30. Directeur et professeur de neurophysiologie auditive, université de médecine de Hanovre, professeur de neurosciences, université de Macquarie, Sydney, professeur associé de cognition et neuroscience, université du Texas, Dallas, membre de l'Académie nationale des sciences, Allemagne.

31. Propos recueillis par l'auteure le 29 mars 2019.

32. Merci à Marie Abibtol (VetAgroSup) pour ses précieuses informations en génétique.

33. https://omia.org.

34. https://www.vml-asso.org/-niemann-pick-par-deficit-en-sphingomyelinase-type-a-ou-b-et-intermediaires

35. Somers K. L, Royals M. A., Carstea E. D., Rafi M. A, Wenger D. A, Thrall M. A., « Mutation analysis of feline Niemann-Pick C1 disease », *Molecular Genetics and Metabolism*, 2003, 79(2), p. 99-103.

36. Cougnoux A. *et al.*, « Necroptosis inhibition as a therapy for Niemann-Pick disease, type C1. Inhibition of RIP kinases and combination therapy with 2-hydroxypropyl-β-cyclodextrin », *Molecular Genetics and Metabolism*, 125(4), p. 345-350.

37. Maron B. J., Fox P. R., « Hypertrophic cardiomyopathy in man and cats », *Journal of Veterinary Cardiology*, 2015, 17, P. S6-S9.

38. Chang Y. C. *et al.*, « Significance of sphingosine kinase 1 expression in feline mammary tumors », *BMC Veterinary Research*, 2019, 15, art. 155.

39. Dagher E. *et al.*, « Bcl-2 expression and prognostic significance in feline invasive mammary carcinomas : a retrospective observational study », *BMC Veterinary Research*, 2019, 15, art. 25.

40. Liste non exhaustive.

6. À l'école des chats

1. Nittono H *et al.*, « The power of Kawaii. Viewing cute images promotes a careful behavior and narrows attentional focus », *PLoS One*, 2012, 7(9).

2. https://www.youtube.com/watch?v=RXnoGaj0OMg.

3. Buckley R.-C., « Aww. The emotion of perceiving cuteness », *Frontiers in Psychology*, 2016, 7, p. 1740.

4. Kringelbach M. L., *et al.*, « On cuteness. Unlocking the parental brain and beyond », *Trends in Cognitive Sciences*, 2016, 20(7), p. 545-558.

5. Senese V. P. *et al.*, « Implicit association to infant faces. Genetics, early care experiences, and cultural factors influence caregiving propensities », *Behavioural Brain Research*, 2017, 325(Pt B), p. 163-172.

6. Sherman G.-D., *et al.*, « Viewing cute images increases behavioral carefulness », *Emotion*, 2009, 2, p. 282-286.

7. Glocker 2009, *in* Stavropoulos K.-K.-M., Alba L.-A., « So Cute I Could Crush It! Understanding Neural Mechanisms of Cute Aggression », *Front Behav Neurosci*, 2018 ; 12: 300.

8. Borgi M. *et al.*, « Baby schema in human and animal faces induces cuteness perception and gaze allocation in children », *Frontiers in Psychology*, 2014, 5, p. 411.

9. Faculté de médecine, université d'Auvergne, Clermont-Ferrand I.

10. Les passages entre guillemets restituent l'interview du docteur Didier Vernay, neurologue, fondateur du diplôme universitaire de médiation animale, par l'auteure.

11. Wells E. S., Rosen L. W., Walshaw S., « Use of feral cats in psychotherapy », *Anthrozoös*, 1997, 10(2-3), p. 125-130.

12. Les informations restituent l'interview que l'auteur a menée auprès d'Eileen Wells.

13. Templin J.C. *et al.*, « Relationship between patient satisfaction and the presence of cats in psychiatric wards », *Journal of Alternative Complementary Medicine*, 2018, 24(12), p. 1219-1220.

14. Les passages entre guillemets restituent l'interview d'Undine Lang par l'auteure.

15. Collectif, *Le Chat du psychanalyste*, Campagne première, 2013.

16. Imber-Black E., « Snuggles, my cotherapist, and other animal tales in life and therapy », *Family Process*, 2009, 48(4), p. 459-461.

17. Diplôme universitaire relation d'aide par la médiation animale (RAMA)

18. Ehpad Les Jardins de la Charme.

19. Propos de l'équipe de l'Ehpad recueillis par l'auteur.

20. https://monanimalmadit.grisel.biz.

21. Les passages entre guillemets restituent l'interview d'Anne Grisel, intervenante en médiation animale, par l'auteure.

22. Les passages entre guillemets restituent l'interview de Françoise Schwobthaler, docteur vétérinaire, intervenante en médiation animale, par l'auteure.

23. Moody C. *et al.*, « Can you handle it ? Validating negative responses to restraint in cats », *Applied Animal Behaviour Sciences*, 2018, 204, p. 94-100.

24. https://icatcare.org/our-campaigns/pledge-to-go-scruff-free/.

25. Gagnon A.-C., « La pratique féline au quotidien », *Recueil de médecine vétérinaire*, 1996, 172 (3/4), 135-148

Rodan I. *et al.*, « AAFP and ISFM feline-friendly handling guidelines », *Journal of Feline Medicine and Surgery*, 2011, 13(5), p. 364-375.

26. https://icatcare.org/our-campaigns/declaration-to-cats/ ; https://icatcare.org/app/uploads/2019/02/FRENCH-Declaration-reduced-size.pdf.

Remerciements

Toute ma gratitude pour leur confiance et leur accompagnement patient et constructif à Marie-Pierre Garro, Roman Perrusset et Claire Le Ho-Devianne, sans qui ce livre n'aurait pas été.

Mille mercis à Hélène Benoit-Valiergue et à Didier Vernay pour leurs éclairages si constructifs et toute ma gratitude à celles et ceux qui ont accepté de répondre à mes questions pour apporter leur témoignage dans cet ouvrage, notamment : Marie Abitbol, Isabelle Arnulf, Pascal Barone, Philippe Bossé, Jérôme Braudeau, Colette Buda, Tony Buffington, Nicole Chardaire, Georges Chapouthier, Valérie Chetboul, Bénédicte et Nicolas Daboval, Thierry Dzyczko et l'équipe de l'Ehpad des Jardins de la Charme (Camille, Laurence et Muriel), Catherine Eston, Madeleine Facompré, Frédérique Flaesch, Anne Gotman, Marine Grandgeorge, Jeffrey Green, Anne Grisel, Astrid Guillaume, Danielle Gunn-Moore, Claire Guyot, Lynette Hart, Karine Hediger, Marie-Dominique Jarry, Isabelle Joalland, Jean-Pierre Kieffer, Andrej Kral, Undine Lang, Geneviève Marignac, Jean-Pierre Marguénaud, Philippe Muyl, Frédérique Nguyen, Jacqueline Peker, Benjamin Petiteau, Daniel Pressnitzer,

Françoise Prins, Rebecca Raybone, Denise Remy, Jean-Paul Richier, Catherine Roblin, François Schwobthaler, Bradley Smith, Simone et John Scott, Lorena Sordo, Amelia Tarzi, Barbara Tillmann, Dennis Turner, Jean-Christophe Vullierme, Eileen Wells et Verena Winkler.

Et merci bien sûr à Angélique, Bibi, Cigale, Ellington, Fa-raon, Françaíse, Hémie, Kléopatre, Lune, Malotte, Massi, Maxou, Milord, Mino, Misha, Pacha, Paulo, Viking, Zelda et tous les chats qui éclairent mon chemin et donnent sens à cet ouvrage.

Table

Composition et mise en pages
Nord Compo à Villeneuve-d'Ascq

MIXTE
Papier issu de
sources responsables
FSC® C003309

L'Éditeur de cet ouvrage s'engage
pour la préservation de l'environnement
et utilise du papier issu de forêts gérées de manière responsable.

Cet ouvrage a été achevé d'imprimer
sur les presses de Normandie Roto Impression s.a.s.
61250 Lonrai (Orne)
N° d'édition : 60095/01 - N° d'impression : 2001360

Imprimé en France